Opera in Cucina

COMPANIONS

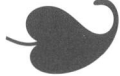

Fotografie: Jürgen Strauss

Sammlung der Rezepte: Dr. Theodor Rüffer

Kulinarischer Feinschliff: Emanuela Dabbeni

Liebe Leserin, lieber Leser,

spätestens wenn Bernd Weikl in seinem Rezept zur Zubereitung von Forellen einfließen lässt, dass alle Mühlenwirtinnen an reißenden Gebirgsbächen Eva heißen und dass deutsche Forellen per Millimetermaß und Senkblei in liegender Hab-Acht-Stellung auf der Servierplatte auszurichten seien, werden Sie entdecken, dass dieses Kochbuch zu den unkonventionellsten seiner Art gehört.

Bei den hier gesammelten Lieblingsrezepten der weltweit populärsten Opernstars handelt es sich um handschriftliche Dokumente ganz persönlicher – und nicht ausschließlich – kulinarischer Vorlieben. Für viele Leser wird es eine Überraschung sein, welch bodenständige Köstlichkeiten Menschen bevorzugen, die von Berufs wegen mit der Produktion hochkarätiger Kunstgenüsse beschäftigt sind. Wenn Lucia Aliberti von „Spaghetti alla Norma" schwärmt, Francisco Araiza ein einfacher Guacamole-Dip zum lukullischen Glück reicht oder Wolfgang Brendel den Wohlgeschmack eines „Riesenfleischpflanzerls", also einer Bulette, preist, dann offenbaren die oft als kapriziös geltenden Stars plötzlich eine sehr menschliche Seite. Echte Leibgerichte haben eben wenig mit Haute Cuisine und sehr viel mit ganz persönlichen Geschmackserlebnissen zu tun. Und da viele der einprägsamsten Erlebnisse dieser Art in der Kindheit gemacht

werden, darf in „Opera in Cucina" selbstverständlich auch ein Rezept wie das von Itzhak Perlman nicht fehlen, der empfiehlt, Spinat so zuzubereiten, wie schon seine Mutter es tat.

Die handschriftlichen Rezepte, oft auf Hotelbriefpapier aus allen Städten dieser Welt notiert, werden begleitet von Porträts der Sänger, Dirigenten und Musiker, die der Fotograf Jürgen Strauss fern vom Rampenlicht der großen Bühnen aufgenommen hat. Es handelt sich um Schnappschüsse, um flüchtige Impressionen im privaten Rahmen – kurz: um Abbildungen, auf denen sich die Stars ganz offensichtlich auf der anderen Seite des Vorhangs befinden.

Wir hoffen, dass Sie bei der Beschäftigung mit diesen unbekannten Seiten der „berühmten Stimmen" ebenso viel Spaß haben wie mit dem Kochen und Essen der Gerichte. Um Ihnen die Zubereitung zu erleichtern, haben wir die Rezepte um einige Variationsmöglichkeiten und kulinarische Tricks und Tipps ergänzt. Für einen gelungenen Auftakt Ihres Menüs sorgen auf jeden Fall die prickelnden Cocktails mit Mineralwasser von Perrier ab S. 154.

Guten Appetit wünscht Ihnen

Geschmacksfragen

In diesem Buch geht es um leidenschaftlichen Genuss, ums Kochen und um kulinarische Eigenheiten. Die „Esskunst" jedoch ist mit gewissen Voraussetzungen und differenzierter Übung verbunden. Wer – wie etwa ich selber – zu spät mit Trüffeln in Berührung kam, wird diese ungeheuer teuren Erdpilze gewiss irgendwie wohlschmeckend, doch eigentlich überschätzt finden. Und den Kopf darüber schütteln, dass 50 Gramm (sehr gute) Trüffeln teurer sind als 50 Gramm Gold.

Genießen will gelernt sein. Ein ehrlicher Greis, zum ersten Mal eine Auster verzehrend, dürfte angewidert befinden, die schmecke wie Meerwasser. (Aber er wird diesen Befund vorsichtig für sich behalten, um nicht als Banause dazustehen). Hat aber jemand sein Leben lang Austern geschlürft, dann kann er allmählich auch mit verbundenen Augen zahlreiche Arten unterscheiden. Und er wird keineswegs leichtfertig über die Frage hinwegsehen, was Pfeffermühle, Tabasco-Tropfen, Zitronen- oder Käseschnitze am Geschmack dieser Muscheln entweder fördern oder verderben. Für Konrad Adenauers Staatssekretär, den tapferen Karl Theodor Freiherr zu Guttenberg (Vater des Dirigenten Enoch zu Guttenberg), hatten Austern sogar eine religiöse Funktion. Während der Fastenzeit verzichtete er nämlich als gläubiger Katholik auf den Verzehr von Fleisch. Und

Placido Domingo (rechts) und Daniel Barenboim während einer Pause zu den CD-Aufnahmen für „Figaros Hochzeit" in Berlin

wich – ebenso gehorsam wie beneidenswert – bei den Hauptmahlzeiten auf rund 60 Austern aus, die bekanntlich fast nur aus Wasser bestehen.

Ja, auch das Genießen will gelernt sein. So wie man kein guter Geiger werden kann, wenn man nicht bereits als Teenager zumindest technisch fertig ist, so schafft man es nach dem 25. Lebensjahr kaum mehr, Flusskrebse mühelos und geschickt zu öffen und unmittelbar zu genießen. Wer hier „zu spät kommt", wird gewiss nicht bestraft, aber manchmal eben doch beinahe ausgeschlossen. Mit Bildungs-„Genüssen" verhält es sich übrigens kaum anders. Wer die „Ilias" oder „Die Brüder Karamasow" erst als 60-Jähriger liest, wird manches an diesen Büchern finden, was Jüngere womöglich gar nicht bemerken. Aber in „die Blutbahn", in die Seele des allzu spät auf solche Werke Stoßenden dürfte deren verwandelnde Macht nicht mehr dringen. Darum ist es so ungemein gefährlich, wahrhaft Wichtiges aufzuschieben – bis man endlich Zeit hat. (Kinder aus dem Haus, Renten-Ruhe für schöne Dinge.)

Der von Banausen oder Spielverderbern immer wieder zitierte Satz „Über Geschmack lässt sich nicht streiten" ist eigentlich dumm. Worüber sonst, wäre zurückzufragen, kann denn herzhaft gestritten werden, wenn nicht darüber, ob bestimmte Gewürze oder Weine den Charakter des Fisches hervorheben oder überdecken. Oder ob leichte, fettarme Essenszubereitung eine Modeerscheinung sei oder ein Fortschritt. Wenn nicht darüber, ob der „wohltemperierte" Bordeaux nicht meist zu warm getrunken, ob die Salsa Verde eher durch zu viel Zitrone als durch zu wenig Öl ruiniert wird. Doch die Pedanten, die sich mit dem Satz „Über Geschmack lässt sich nicht streiten" in ihr subjektives Schneckenhaus zurückziehen, meinen etwas anderes. Sie wissen: In Geschmacksdingen finden keine „Beweise" statt. Und da haben sie natürlich Recht. Man kann in keiner Form „beweisen", dass eine Gebirgsbach-Forelle würziger, charakteristischer, feiner – sprich: „besser" – schmeckt als ein alter Kabeljau. Man kann es höchstens irgendwie plausibel machen, mit Einzelheiten und Adjektiven demonstrieren, dabei auf die Lern- und Bildungsfähigkeit des Gegenübers vertrauend.

Also: Nicht nur im „Weine", sondern auch in gut zubereiteter Speise kann „Wahrheit" liegen. Doch diese Wahrheit ist – begriffslos. Genauso verhält es sich mit großer Kunst! Man kann niemandem „beweisen", dass „Figaros Hochzeit", „Tristan und Isolde" oder Verdis „Aida" besser, großartiger, tiefer seien als irgendeine nette Seifenoper. Messbar ist es genauso wenig wie das Faktum, demzufolge J. S. Bach größer ist als Telemann. Freilich: Logische Beweise oder juristische Deduktionen sind auf die Kochkunst wie die Tonkunst nicht sinnvoll anwendbar – dafür beschenken uns diese Sphären mit ihrer Sinnlichkeit, ihrer unmittelbaren „Tiefe", ihrem Wohllaut und Wohlgeschmack. Kein Wunder, dass Musiker, vor allem Sänger, die ihren Leib als Instrument einsetzen, so gern, ja passioniert essen und trinken.

Zudem demonstriert die deutsche Sprache über jeden Zweifel hinaus, wie unentwirrbar die Sphären von sinnlichem Essen und sinnlich tönender Musik sind. Worte wie „Genuss" oder „Geschmack" können sich aufs Essen ebenso wie auf eine geschmackssichere Interpretation beziehen. Das reine Geschmacks-Urteil „süß" wiederum hat seinerseits wahrlich nicht nur mit Zucker oder Honig zu tun. Sondern mit unendlich viel mehr!
Süß, „dolce", kann auch eine Melodie sein. Und nicht nur sie. Als „süß" ist auch der Jesus-Knabe bezeichnet worden. Die Todesstunde. „Dich sah ich, und die milde Freude/ Floß von dem süßen Blick auf mich" dichtet Goethe in „Willkommen und Abschied". Heine wiederum schildert Tannhäusers Ende bei Frau Venus so: „Sie gab ihm Suppe, sie gab ihm Brot,/ Sie wusch seine wunden Füße,/ Sie kämmte ihm das wuschige Haar,/ Und lachte dabei so süße".
Musische Menschen, genauer: Musiker und Sänger, stehen der süßen Sinnlichkeit des Essens und Trinkens elementar nahe.

Wer in den folgenden Rezepten blättert, wird spüren, wie individuell hier Zubereitung interpretiert wird. Daniel Barenboim, Pianist und Dirigent,

geht die Sache strategisch an: Wo in Berlin sitzen jene russischen Spekulanten, bei denen man genussvollen Beluga-Kaviar findet? Eva Marton wiederum denkt, als ginge es um eine genaue Phrasierung, präzis darüber nach, wie lang alles im vorgeheizten Ofen backen müsse: „etwa 20-25 Minuten". Der Sänger Andreas Schmidt wiederum gestattet der Person, die „Steinbuttfilet mit Champagnersauce für ca. 8 Personen" zubereitet, generös: „Man kann beim Kochen schon zwei Gläser Champagner trinken", während Waltraud Meier, die „Hühnchen in Bier" vorschlägt, im Hinblick aufs dunkle Bier argwöhnt: „Sollte nicht mehr ein 3/4 l da sein, hat der Koch etwas weggetrunken".

Mein Vertrauen in die hier gebotenen Rezepte hat mit meiner Herkunft zu tun. Ich bin in Masuren geboren, in Tilsit zur Schule gegangen. Bei uns zu Hause gab es viel Musik. Die glücklichsten Essmomente sind für mich mit dem Verzehr wunderbarer Flusskrebse verbunden. Nächte reinen Familienglücks: Krebse, warm, im Weinsud, mit Dill. An diesen Genuss reicht für mich selbst der feinste Hummer niemals heran.
Jener Chinese war ein sehr weiser Mann, der einmal die Vermutung aussprach, unsere Liebe zur Heimat habe womöglich mit jenen guten Dingen zu tun, die man als Kind gegessen hat. Und so persönlich wie diese Geschmackserlebnisse sind auch die Rezepte in diesem Buch.

Lucia Aliberti

Sopran

Ein köstliches sizilianisches Rezept!

Spaghetti alla Norma

Das Rezept von Lucia Aliberti wurde um einige Komponenten des Original-Rezeptes „Pasta alla Norma" ergänzt, für das der Komponist der Oper „Norma", Vincenzo Bellini, schwärmte.

Für 4 Personen:

9 EL	Olivenöl
1	Zwiebel, fein gehackt
2	Knoblauchzehen, gehackt
650 g	Tomaten
	Salz und Pfeffer
400 g	Auberginen
400 g	Spaghetti
16	Basilikumblätter
50 g	reifer Pecorino, gerieben

4 EL Olivenöl in einer Pfanne erhitzen, Zwiebel und Knoblauch darin anbraten. Die Tomaten würfeln und dazugeben. Mit Salz und Pfeffer würzen und kochen lassen, bis die Flüssigkeit auf die Hälfte reduziert ist. Im restlichen heißen Olivenöl die gesäuberten, in Scheiben geschnittenen Auberginen knusprig braten. Die Tomatensauce pürieren. Spaghetti in Salzwasser al dente kochen. Tomatensauce und Auberginen mischen, auf den Spaghetti anrichten, mit Basilikumblättern garnieren und mit Pecorino bestreuen. *Guten Appetit!*

perrier Tipp: Zu diesem Gericht passt besonders gut ein sizilianischer Rotwein, z.B. der Corvo-Duca di Salparuta, der Barbera oder ein Chianti.

THE RITZ-CARLTON®
SCHLOSSHOTEL, BERLIN

Ti voglio offrire una buona ricetta siciliana « Spaghetti alla Norma ».
Gli ingredienti sono: spaghetti, sugo di pomodoro, melanzane fritte e un po' di ricotta salata grattugiata.

Buon appetito!

BRAHMSSTRASSE 10 • 14193 BERLIN • GERMANY • TEL: 49 (0 30) 8 95 84-0 • FAX: 49 (0 30) 8 95 84-8 00
INTERNET: HTTP://WWW.RITZCARLTON.COM • RITZ-CARLTON WOLFSBURG HOTELBETRIEBS GMBH • HRB 66862
SITZ DER GESELLSCHAFT: HAMBURG • BERLINER VOLKSBANK EG, KONTO NR. 201 707 00, BLZ 100 900 00

Francisco Araiza

Tenor

Guacamole-Dip

Für 2 Personen:

I		Avocado (weich)
I		Tomate
I		Jalapeño (grüne Chilischote)
		Salz
I		Limone
evtl.	**I/4**	klein gehackte Zwiebel
		Mais-Chips
evtl.	**I**	Dose Bohnenpüree

Die Avocado halbieren, das Fruchtfleisch mit einem Löffel aus der Schale lösen und mit einer Gabel zerdrücken. Die Tomate klein schneiden. Den Jalapeño klein hacken, mit Salz bestreuen und mit Limonensaft beträufeln (eventuell 1/4 klein gehackte Zwiebel dazugeben). Alles mischen und mit Salz abschmecken.

Mit Mais-Chips als Appetizer oder Garnierung servieren. Für Nachos die Mais-Chips mit Bohnenpüree und Käse im Ofen erwärmen.

perrier Tipps: Der Geschmack dieser Guacamole kann durch 1 TL frischen, gehackten Koriander und 1 kleine, fein gehackte Knoblauchzehe abgerundet werden.

Zu diesem Gericht passt ein kalifornischer Chardonnay oder mexikanisches Bier (z.B. Sol oder Corona). Das Bier bekommt eine sehr erfrischende Note, wenn man 1/8 Limette in den Flaschenhals steckt.

FRIEDRICHSTRASSE
MADISON
City Suites

GUACAMOLE
DIP FÜR 2 PERSONEN

ZUTATEN:

1 AVOCADO (WEICH)
1 TOMATE
1 JALAPEÑO (SCHOTE)
1 LIMONE
SALZ

DEN AVOCADO MIT GABEL PÜRIEREN -
DIE TOMATE KLEIN SCHNEIDEN -
DEN JALAPEÑO KLEIN HACKEN,
MIT SALZ BESTREUEN UND MIT
LIMONENSAFT BETRÖPFELN
(EV. 1/4 KLEINGEHACKTE
ZWIEBEL DAZU)

MISCHEN UND MIT SALZ ABSCHMECKEN.

MIT MAIS CHIPS ALS APPETIZER
SERVIEREN ODER ALS GARNIERUNG
FÜR NACHOS (MAIS CHIPS MIT BOHNEN-
PÜRREE UND KÄSE IM OFEN ERWÄRMEN)

FRANCISCO ARAIZA

Karan Armstrong
Sopran

Hähnchenbrust mit Himbeeren und Weintrauben

Für 8 Personen:

500 g	frische Himbeeren (oder 340 g tiefgefrorene, ungezuckerte Himbeeren)
1/4 Tasse	Rotwein (evtl. etwas mehr, falls die Sauce zu dick ist)
1	große Knoblauchzehe, geschält und zerdrückt
2 EL	klein geschnittene, frische Petersilie
1/2 Tasse	Hühnerbrühe
2-3 EL	Butter oder Pflanzenöl
8	halbe Hähnchenbrustfilets
je 1/2 TL	Salz und Pfeffer
2-3 TL	Pfefferkörner
125 g-250 g	Butter, in zentimeterdicke Streifen geschnitten
1 Tasse	kernlose grüne Weintrauben

Die Hälfte der Himbeeren durch ein feines Sieb drücken, damit die Kerne darin hängen bleiben. In einer Schüssel die Himbeeren, Wein, Knoblauch, die Hälfte der Petersilie und die Brühe miteinander vermengen. In einer Bratpfanne 2-3 EL Butter oder das Öl erhitzen und die Hähnchenbrüste darin anbraten. Mit Salz und Pfeffer abschmecken. Die Himbeer-Mischung über das Hähnchen geben, die Bratpfanne zudecken und nochmals 15 Minuten bei mittlerer Hitze köcheln lassen, bis das Hähnchen zart ist.

Mit einer Schaumkelle die Hähnchenbrüste aus der Pfanne heben, auf vorgeheizten Serviertellern anrichten und warm stellen. Die Pfefferkörner, 125 g-250 g Butter und 3/4 Tasse der Weintrauben in die Sauce geben und ständig rühren, bis die Butter geschmolzen ist. Die Sauce über die Hähnchenbrüste geben. Mit den restlichen Weintrauben, Himbeeren und Petersilie garnieren. Dazu passt gut Reis oder „baked" (gebackener) Kartoffelbrei. Die Hähnchenbrüste schmecken auch mit einem Champignon-Gratin oder mit heißen Gurken in einer Sahnesauce.
Dessert: Cantaloupmelone in Ananassauce über Vanilleeis.

Kammersängerin
Karan Armstrong

Raspberry-Grape Chicken Breasts
8 Servings

8 Chicken breasts - (halves)
½ teaspoon Salt & pepper, 2-3 teaspoons pepper corns (crushed)
2-3 tablespoons each butter & vegetable oil
½ cup chicken broth; ¼ cup red wine (or slightly more if sauce is thick)
1 clove garlic (pressed or crushed) large
2 tablespoons parsley (minced)
¼ & ½ butter cut in ½-1 inch pieces
1 pint fresh raspberries (or 12 ounces) frozen raspberries unsweetened)
1 cup seedless white grapes (green)

Melt 2-3 tablespoons butter with oil in skillet & brown chicken halves. Seasoning with Salt & pepper. Mash ½ of raspberries (press through sieve & remove seeds.) Combine in bowl - berries, wine, garlic, parsley (½ of above) & broth. Pour over browned chicken. Cover skillet - cook 15 minutes, apx, over medium heat or until tender. Using slotted spoon remove chicken and place on serving dish (keep hot!!) Stir in pepper corns. ¼ cup butter and ¾ cup seedless grapes into sauce until butter is melted - Stir constantly. Spoon over hot chicken. Garnish with remaining raspberries & grapes plus parsley. Serve hot with side dishes of rice or baked potato puree; Mushrooms au gratin or HOT Cucumbers in Cream; Dessert: Cantaloupe in pineapple sauce over Vanilla ice cream.

Bon appétit! ♪

Daniel Barenboim
Dirigent & Pianist

Man finde heraus, wo sich in Berlin die erfolgreichsten russischen Spekulanten (Ivan der Grausame??! oder?) nach Ende des Kalten Krieges niedergelassen haben, um diese dann zum Erwerb einer großen Dose russischen Kaviars (Beluga?) zu nutzen. Um den Genuss abzurunden, ist es von Nutzen, auch zum kubanischen Spekulantentum gute Beziehungen zu pflegen, denn nach diesem Essen ist eine kubanische Cohiba ein Muss!

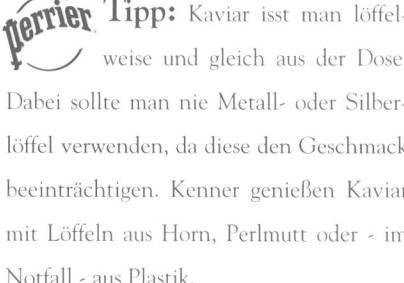 **Tipp:** Kaviar isst man löffelweise und gleich aus der Dose. Dabei sollte man nie Metall- oder Silberlöffel verwenden, da diese den Geschmack beeinträchtigen. Kenner genießen Kaviar mit Löffeln aus Horn, Perlmutt oder - im Notfall - aus Plastik.

Ein Klassiker aus Russland, kombiniert den gesalzenen Rogen des im Kaspischen und Schwarzen Meer vorkommenden Störs mit Pfannkuchen aus Buchweizenmehl, die sich durch einen leicht nussigen Geschmack auszeichnen. Hier das Rezept für 4 Personen:

Blini mit Kaviar

60 ml	lauwarmes Wasser
1 1/2 TL	Trockenhefe
60 g	Weizenmehl
90 g	Buchweizenmehl
1/2 TL	Salz
250 ml	Milch
2	getrennte Eier
60 g	Butter
125 ml	Sauerrahm

Lauwarmes Wasser in eine kleine Schüssel gießen und die Trockenhefe einrühren. 5 Minuten ruhen lassen, bis die Hefe Bläschen wirft. Weizen- und Buchweizenmehl mit Salz in eine große Schüssel geben und in die Mitte eine Vertiefung drücken. 190 ml lauwarme Milch mit der Hefemischung in die Mulde gießen.

Mit dem Schneebesen das Mehl unterrühren, bis ein glatter Teig entsteht. Die Schüssel mit einem Geschirrtuch abdecken und ca. 3 Stunden an einen warmen Ort stellen. Die restlichen 60 ml Milch unter den Teig rühren, die Eigelbe schaumig schlagen und mit der Hälfte der zerlassenen Butter und dem Sauerrahm verrühren. Das Eiweiß in einer Schüssel nicht zu steif schlagen und unter den Teig heben. Die restliche Butter in eine große Pfanne geben. Bei mittlerer Hitze zerlassen. Den Teig mit einem Schöpflöffel in der Pfanne platzieren, sodass kleine runde Pfannkuchen entstehen. Etwa 2 Minuten braten, bis die Unterseite hellbraun ist, dann wenden und weitere 1-2 Minuten bräunen. Auf diese Weise den gesamten Teig „verbraten", wobei evtl. noch zusätzliche Butter in die Pfanne gegeben werden muss.

Blini auf Teller oder eine Servierplatte geben. Den Kaviar löffelweise auf den Pfannkuchen verteilen und jeweils mit einem Klecks Sauerrahm dekorieren.

Man finde heraus, wo in Berlin sich die erfolgreichsten russischen Spekulanten (Ivan der grausame ??! oder ?) nach Ende des Kalten Krieges niedergelassen haben, um dann diese Adresse zum Erwerb eine große Dose russischen Kavians (Beluga?) zu nutzen. Um den Genuß abzurunden, ist es von Nutzen, auch zum Kubanischen Spekulantentum gute Beziehungen zu pflegen, denn nach diesem Essen ist eine Kubanische Cohiba ein Muß!!

Daniel Barenboim

Cecilia Bartoli
Mezzosopran

Pasta mit Artischocken

Wenn Sie sich ein Bild von diesem Gericht machen möchten, brauchen Sie nur aufs Cover dieses Buches zu schauen: Cecilia Bartolis Artischocken-Gericht wurde für den Titel fotografiert.

Für 4 Personen:

10	frische römische Artischocken
100 ml	Olivenöl
4	Knoblauchzehen
1 EL	Meersalz (grob)
500 g	Nudeln, nach Möglichkeit Penne Rigate
1 Bund	glatte Petersilie
4 EL	römischer Ziegenkäse (Pecorino Romano), gerieben

Die Artischocken gut säubern und die Blätter bis fast aufs Herz entfernen. In einer Kasserolle Olivenöl, gehackten Knoblauch und Artischocken erhitzen. Einen Spritzer Wasser und Salz zufügen und alles gut umrühren.

Die Penne Rigate al dente gekocht zu der Artischockenmischung geben. Vor dem Servieren mit klein gehackter Petersilie bestreuen.

30 Sekunden umrühren und auf vier Tellern mit geriebenem Pecorino servieren.

Perrier Tipps: 8 entsteinte, in Spalten geschnittene schwarze oder grüne Oliven geben diesem Gericht eine zusätzliche würzige Note. Wer gern Gemüse isst, ergänzt eine rote oder gelbe Paprika, rote Chilischoten, Basilikumblätter, glatte Petersilie oder Schnittlauch je nach Geschmack. Statt Penne Rigate schmecken auch Tagliatelle (siehe Titelfoto) besonders gut zur Artischocken-Mischung.

Pasta Ai carciofi per 4 persone

ingredienti - 10 carciofi freschi romani

4 spicchi di aglio

4 cucchiai di   1 matto di prezzemolo
pecorino romano
1 cucchiaio di sale grosso marino grosso

1 bicchieri di olio extra vergine di oliva

1 pacco di pasta DECECCO
da mezzo kg.
(possibilmente pasta corta)
penne rigate

Pulire molto bene i carciofi fino quasi al cuore
quindi sfogliarli almeno della metà.
Metterli poi in una fentata a rosolare con l'aglio (tritato)
tritato l'olio e un pò d'acqua! e il sale marinogrosso
Alla fine della cottura aggiungere il prezzemolo tritato.
e la pasta cotta separatamente possibilmente tutto
al dente saltar
per 30 secondi.
saltare con i carciofi e servire
nei piatti con spra il pecorino!

Hildegard Behrens
Sopran

Gefüllte Auberginen und Kartoffelauflauf

Für 4 Personen:

Melanzane:

2-4	Auberginen
2	große Tomaten
4	Schalotten
	Olivenöl
2	Knoblauchzehen
	Thymian
	Oregano
100 g	Schafskäse

Kartoffelauflauf:

500 g	Kartoffeln
2 EL	Olivenöl Extra Vergine
100 g	grüne Oliven
100 g	schwarze Oliven
2 Zweige	Rosmarin

Salat:

500 g	Tomaten
1/2	Zitrone
	Rotweinessig
	Olivenöl
5 Blätter	frische Minze
	Salz
	Pfeffer

Melanzane:

Die Auberginen (je nach Größe 1/2 bis 1 pro Person) der Länge nach durchschneiden, die Schnittflächen einsalzen, nach ca. 20 Minuten mit einem Küchentuch abtupfen (entbittern), kreuzweise einschneiden, ohne die Haut zu verletzen, im Rohr braten, bis sich das Fleisch herauslösen lässt. Das herausgelöste Fleisch klein hacken.

Tomaten mit heißem Wasser überbrühen, schälen und fein hacken. Schalotten klein hacken, in Olivenöl glasig dünsten. Auberginenfleisch und fein gehackte Tomaten in die Pfanne geben, mit fein gehacktem Knoblauch, Salz, Pfeffer, Thymian und Oregano abschmecken. Die Gemüsefüllung vom Herd nehmen und in die ausgehöhlten Auberginen füllen. Die Auberginen mit je einer Scheibe Schafskäse bedecken und im Rohr gratinieren, bis der Käse weich ist.

Kartoffelauflauf:

Die festkochenden Kartoffeln schälen und in dünne Scheiben von ca. 1/2 Zentimeter schneiden. Den Boden einer mit Olivenöl eingefetteten Auflaufform mit einer Schicht Kartoffelscheiben auslegen. Die Kartoffeln salzen und pfeffern. Die Kartoffelschicht mit ein paar Scheibchen grüner und schwarzer Oliven belegen und mit Olivenöl beträufeln. Darüber wieder Kartoffelscheiben und Oliven im Wechsel schichten. Mit einer Schicht Kartoffeln abschließen und den Auflauf mit ein wenig Rosmarin würzen. Den Auflauf bei ca. 180 Grad 30-40 Minuten backen.

Dazu einen Salat aus Tomatenscheiben reichen, der mit Zitrone, Pfeffer, Salz, Rotweinessig, Olivenöl und frisch gehackter Minze abgeschmeckt wird.

gefüllte Melanzanie und
Kartoffelauflauf:

Die Melanzanie (je nach
Größe $\frac{1}{2}$ bis 1 pro Person)
der Länge nach durchschnei=
den, die Schnittflächen ein=
salzen, nach ca. 20 Minuten
mit Küchentuch abtupfen
(entbittern), kreuzweise ein=
schneiden, ohne die Haut zu
verletzen, im Rohr braten,
bis sich das Fleisch heraus=
lösen läßt, dann kleinhacken.
Tomaten (pro $\frac{1}{2}$ Melanzanie ca. 2
Tomaten) ebenfalls kleinhacken.
Chaloten (2-3 pro $\frac{1}{2}$ Melanzanie)
in Olivenöl vorrösten, mit Knob=
lauch, Salz, Pfeffer, Thymian und
Oregano in der Pfanne dann unter
das Melanzanie= und Tomatenfleisch
ziehen und dann zurückfüllen
in die Schale. Mit einer Scheibe

Schafskäse bedecken und im
Rohr gratinieren, bis der Käse
weich ist.
Kartoffeln (Salatkartoffeln, fest=
kochend) dünn, ca. $\frac{1}{2}$ cm in
Scheiben schneiden. In eine
mit Olivenöl eingefetteten
Auflaufform auslegen, salzen,
pfeffern, mit ein paar Scheib=
chen grüne und schwarze Oliven
belegen und mit Olivenöl
beträufeln. Die Kartoffelschicht
wiederholen wie oben, auf
die abschließende Schicht ein
wenig Rosmarin.
Den Auflauf bei ca. 180° etwa
30-40 Minuten backen.
Dazu ein Salat aus Tomatenscheiben, mit ~~Zwiebeln~~ Zitrone,
Pfeffer, Salz, Rotweinessig, Olivenöl
und frisch gehackter Minze
vermischen.

Hotel · Bar · Restaurant
Das Palace Hotel · Trogerstraße 21 · D - 81675 München · fon *49 (0) 89 / 419 71 -0 · fax *49 (0) 89 - 419 71 - 819 · Reservierungen fon *49 (0) 89 - 419 71 - 817
Stadtsparkasse München · Konto-Nr. 904 161 130 · BLZ 701 500 00 · HypoVereinsbank München · Konto-Nr. 1 630 127 900 · BLZ 700 200 01
E-Mail: Hotel.Palace.Muc@compuserve.com · HR A68039 · Hotelier: Klaus Lieboldt

WORLD
HOTELS
STEIGENBERGER RESERVATION SERVICE

guten

Wolfgang Brendel
Bariton

Midwestern-Meat-Loaf

Bayerisch: Riesenfleischpflanzerl ("Bulette")

Für 6-8 Personen:

1 EL	Butter
60 g	Schalotten oder Frühlingszwiebeln, fein gehackt
750 g	Rinderhack
250 g	gekochtes Kalbsfleisch, gehackt
130 g	mageres gekochtes Schweinefleisch, gehackt
1 TL	Salz
1 TL	frisch gemahlener Pfeffer
2 EL	gehackte frische Petersilie
1/2 TL	frisches Basilikum oder:
1/4 TL	getrocknetes Basilikum
50 g	Semmelbrösel
60 g	Chilisauce (American-Style)
1/2 TL	Sojasauce
1 Ei	(leicht verschlagen)
60 ml	Milch
3 Scheiben	Frühstücksspeck

(Am besten nimmt man amerikanischen, der ist nicht zu stark gesalzen. Stark gesalzener Speck beeinträchtigt den Geschmack des Fleisches. Wer mag, kann von leicht gesalzenem Speck auch 5 Scheiben verwenden.)

Jetzt geht's los:

Den Backofen auf 200 Grad vorheizen. Die Butter in einer kleinen, schweren Pfanne bei schwacher Hitze zerlassen. Die Schalotten oder Frühlingszwiebeln darin 5 Minuten anbraten.

Die verschiedenen Sorten Hackfleisch in einer großen Schüssel vermengen. Schalotten, Salz, Pfeffer, Petersilie, Basilikum, Semmelbrösel, Chili- und Sojasauce, Ei und Milch dazugeben und alles gründlich mischen. Die Masse in einer flachen, ofenfesten Form zu einem Laib formen, mit den Speckscheiben belegen und in den Backofen schieben. Die Temperatur nach 15 Minuten um 10 Grad herunterschalten und den Hackbraten noch 1 Stunde garen.

Das Gericht ist natürlich bekannt und steht auch in anderen Kochbüchern; aber ich mag's halt.

Es wäre noch anzuführen, dass man selbstverständlich individuell nach Gutdünken abwürzen kann, das macht ja dann erst die feinen Unterschiede aus. Das Rezept oben ist nur als Anhaltspunkt zu verstehen.

Dazu empfehle ich, wenn die Jahreszeit es erlaubt, einen Feldsalat (den empfehle ich immer, weil ich den mag) und Kartoffelgratin mit Paprika und Chili.

Rezept für „Midwestern - Meat-Loaf" (für 6-8 Personen)
in Bayerisch: „Ein Riesenfleischpflanzl" (Boulette)

Zutaten: 1 Esslöffel Butter
60g Schalotten oder Frühlingszwiebeln, feingehackt
750g Rinderhack
250g gehacktes Kalbfleisch
130g mageres gehacktes Schweinefleisch
1 Teelöffel Salz
1 " " " frisch gemahlener Pfeffer
½ " " " gehacktes frisches Basilikum oder:
¼ " " " getrocknetes Basilikum
½ " " " Sojasoße (sauce)
2 Esslöffel gehackte frische Petersilie
50g Semmelbrösel
60g Chilisauce (American-Style)
1 Ei leicht verschlagen
60ml Milch
3 Scheiben Frühstücksspeck (Am besten nimmt
man Amerikanischen, der ist nicht versalzen;
zu versalzen zerhaut sonst den guten Fleisch-
geschmack!) Man kann davon auch 5 Scheiben
nehmen.   Jetzt geht's los:

Den Backofen auf 200°C vorheizen.
Die Butter in einer kleinen, schweren Pfanne
bei schwacher Hitze zerlassen. Die Schalotten,

oder was, darin fünf Minuten anbraten.
Die verschiedenen Sorten Hackfleisch in einer
großen Schüssel vermengen. Schalotten, Salz,
Pfeffer, Petersilie, Basilikum, Semmelbrösel,
Chili- und Sojasauce, Ei und Milch dazugeben
und alles gründlich vermischen. Die Masse in
einer flachen ofenfesten Form zu einem
Laib formen, mit den Speckscheiben belegen
und in den Backofen geben. Die Temperatur
nach 15 Minuten 10°C herunterschalten und
den Hackbraten noch eine Stunde garen.

Das Gericht ist natürlich bekannt
und steht auch in anderen Kochbüchern;
aber ich mag's halt.
Es wäre noch auszuführen, daß man
selbstverständlich individuell nach Gut=
dünken darauswürzen kann, das macht
ja dann erst die feinen Unterschiede (das) aus.
Das Rezept oben ist nur als Anhaltspunkt
zu verstehen.

Dazu empfehle ich, wenn die Jahres=
zeit es erlaubt, einen Feldsalat (den empfehl ich
immer, weil ich's den mag) und Kartoffel=
graten mit Paprika und Chili.

Vladimir Chernov
Bariton

Russischer Borschtsch (vegetarisch)

Für 4 Personen:

4	Kartoffeln
4 EL	Olivenöl
4	Rote Bete
2	Möhren
2	große Zwiebeln
2	längliche grüne Paprika
1	rote Paprika
4	große Tomaten
1/2	kleiner Weißkohlkopf
1/2 Bund	Petersilie
	Salz
	schwarzer Pfeffer
2	Lorbeerblätter

Das Gemüse vorbereiten: Kartoffeln schälen, in mittelgroße Stücke schneiden und in kochendes Salzwasser geben. Olivenöl in einer gusseisernen Pfanne erhitzen und in kleine Stücke geschnittene Rote Bete, Möhren, Zwiebeln, Paprika und Tomaten darin anbraten. 15-17 Minuten auf kleiner Flamme dünsten. Das gedünstete Gemüse zur Kartoffelbouillon geben und 3 Minuten auf kleinster Flamme köcheln. Den in schmale Streifen geschnittenen Kohl hinzufügen, alles noch einmal zum Kochen bringen. Den Herd ausschalten, aber den Topf auf der Herdplatte stehen lassen.
Gewürze hinzufügen: Petersilie, Salz, schwarzen Pfeffer, Lorbeerblätter. Es ist nicht empfehlenswert, den Borschtsch sofort zu servieren, er muss eine Weile durchziehen. Und: das Gemüse nicht zerkochen!
Mit saurer Sahne und roten Zwiebeln servieren.

Alles nach den Wünschen der Werktätigen.
Guten Appetit und viel Glück bei der Arbeit.

Русский Борщ.
(Вегетарианский)

Kempinski Hotel
Bristol Berlin
Kurfürstendamm 27
D-10719 Berlin
Telefon (49-30) 8 84 34-0
Telefax (49-30) 8 83 60 75
Absender ist Gast im Hotel
Sender is guest in the hotel

Приготовить овощи:
картофель, порезать не очень мелко и опустить в кипящую воду.
Затем разогреть оливковое масло на чугунной сковороде и опустить в неё мелко порезанные: свёклу, морковь, репчатый лук, перец-паприка, свежие помидоры, немного острого перца. Тушить 15-17 мин. Использовать только малый огонь. Тушёные овощи опустить в картофельный бульён, и варить на самом минимальном огне 3 мин. Затем нашинкованную капусту ↓ опускаем довести до кипения и отключить огонь но кастрюлю не снимать с плиты

Добавить специи: петрушку соль, черный перец, лавровый лист. Не рекомендуется подавать борщ сразу же после огня. Он должен настояться. И не переваривать овощи.
С борцом хороша сметана. И сладкий репчатый лук.
Всё по-желанию трудящихся.

Приятного аппетита и много счастья в работе.

Владимир Черков,

Alberto Cupido

Tenor

Trenette al Pesto alla Genovese

Für 4 Personen:

Pesto:

4 Bund	Basilikum (Genueser Basilikum: kleine Blätter mit runden Spitzen)
1	Knoblauchzehe
1 EL	Pinienkerne
50 g	Parmesan
20 g	Pecorino Sardo Stagionato (Ziegenkäse aus Sardinien, reif)
	Meersalz, grob
	kalt gepresstes Olivenöl
1 EL	Molke (falls zur Hand)

eine Hand voll	grüne Prinzessbohnen
eine Hand voll	Brechbohnen
2	Kartoffeln, in Scheiben geschnitten
350 g	Trenette (eine Art flache Spaghetti, ersatzweise Linguine)

Pesto:
Alle Zutaten im Mixer allmählich mischen, bis wir einen homogenen Brei von einer herrlichen grünen Farbe erreichen.

Fertigstellung von Pasta und Gemüse:
Wasser mit grobem Salz zum Kochen bringen, Gemüse darin weich kochen, abtropfen lassen.
Trenette in Salzwasser al dente kochen. In einer Schüssel Pesto mit ein wenig Olivenöl und einem EL Spaghetti-Wasser mischen. Trenette abgießen.
Trenette und Gemüse mit Pesto mischen.
Das Gericht in Begleitung eines Weißweins Pigato oder Cinqueterre servieren.

Il pesto genovese

Ingredienti per 4 persone

N.°1 4 mazzi di Basilico genovese
(le foglie piccole con le punte arrotondate)
1 spicchio di aglio
1 cucchiaio di pinoli
50 gr. formaggio parmigiano
20 gr. pecorino sardo stagionato
Sale grosso marino
Olio di oliva extra vergine genovese (ligure)
* Se si trova un cucchiaio di prescinsöa

N.°2 Una manciata di fagiolini   (Il latte cagliato)
una manciata di fave
2 patate tagliate a fette

pesto : frullare il tutto (N.°1) gradualmente
aggiungendo gli ingredienti a poco a poco
fino ad ottenere una salsa omogenea e
cremosa del colore verde chiaro
① bollire l'acqua con sale grosso
② alla bollitura si mette il tutto N.°2
③ scolare il tutto N.°2 a cottura terminata
④ far bollire le trenette (linguine) al dente
⑤ nel recipiente versare il pesto con un po
di olio extra vergine e 1 cucchiaio di acqua →
⑥ scolare le trenette   → della pasta
⑦ mescolare le trenette e le verdure N.°2
⑧ servire a tavola accompagnando con vino
bianco Pigato o Cinque Terre

Alberto Capitel

Cristina Gallardo-Domás
Sopran

Maisauflauf mit Gehacktem

Für 6-8 Personen:

6	Maiskolben
1 Tasse	Milch
5 EL	Butter

Für das Gehackte:

2	Zwiebeln, fein gehackt
500 g	Gehacktes (gemischt)
	Fleischbrühe
	Salz und Pfeffer
10	Oliven
1/4 Tasse	Rosinen ohne Kerne
2	Eier (roh)
2	Eier, hart gekocht und in Scheiben geschnitten
	Zucker zum Bestreuen

Maiskerne von den Kolben reiben und mit Milch in einer Pfanne mischen. 2 EL Butter dazugeben und alles auf niedriger Flamme ca. 15 Minuten kochen. Zur Seite stellen.

Für die Mischung des Gehackten: In einer Pfanne 3 EL Butter erwärmen und die Zwiebeln darin frittieren. Fleisch dazugeben. Salz, Pfeffer und ein bisschen Brühe (falls nötig) dazugeben, anschließend Oliven und Rosinen ergänzen. Zur Seite stellen.

In einer Schale Eigelb anrühren und mit dem geriebenen Mais vermischen. In einer anderen Schale das Eiweiß zu Schnee schlagen und beide Mischungen verbinden. Zur Seite stellen.

Das gehackte Fleisch in ein ofenfestes, mit Butter bestrichenes Gefäß legen. Darauf werden nun die Eierscheiben verteilt. Alles wird mit der Mais-Eier-Mischung bedeckt und mit Zucker und Butterflöckchen bestreut. Nun wird alles in den Ofen geschoben und bei einer hohen Temperatur ca. 10 Minuten gebacken, bis alles heiß und knusprig ist. Warm essen!

Pastel de Choclo con Pino.–

(para 6-8 personas)

Ingredientes:

6 choclos (3 verdes y 3 maduros)
1 taza de leche
Mantequilla
Sal y pimienta

Para el pino:

2 cebollas, picadas finas
500 gramos de posta de vacuno, picada fina
Caldo de vacuno
10 aceitunas
¼ taza de pasas sin semillas
2 huevos, separados
2 huevos duros, en rodajas
azúcar para espolvorear

Preparación:

En un bol se rallan los choclos, mojándolos con un poco de leche; se colocan en una olla y se vierte el resto de leche y 1½ cucharados de mantequilla. Se sazona y se cocina a fuego bajo, revolviendo hasta que el choclo esté cocido; se retira del fuego y se reserva.

Preparación del pino.

En un sartén se calientan 3 cucharadas de mantequilla a fuego medio y se fríen las cebollas; se añade la carne y se fríe, revolviendo, unos minutos. Se sazona y se cocina unos minutos, agregando un poco de caldo si fuera necesario; se añaden las aceitunas y pasas. Se retira del fuego y se reserva.

En un bol se baten ligeramente las yemas y se agrega la mezcla de choclo reservada. Aparte se baten las claras a nieve; se sazona, se incorpora a la mezcla anterior y se reserva.

En una fuente de horno o greda enmantequillada se coloca al fondo el pino y encima se disponen las rodajas de huevo. Se cubre con la mezcla de choclo reservada y se espolvorea con azúcar; se rocía con mantequilla y se cocina en un horno a temperatura alta hasta que el guiso esté caliente y dorado. Se sirve caliente.

Cristina Gallardo-Domâs

Walton Grönroos
Bariton

Waltons Garnelen

Für 6 Personen:

	Butter oder Margarine	**100 ml**	Tomatensaft
3-4 TL	Curry	**100 ml**	Wasser
1 TL	Paprikapulver	**300 ml**	Sahne
1	Zwiebel, fein gehackt	**2**	große Knoblauchzehen, zerdrückt
1	große Stange Porree, in schmale Streifen geschnitten		Cayennepfeffer oder Tabasco-Sauce
4-5 Stangen	Bleichsellerie, in Streifen geschnitten	**500 g-700 g**	Garnelen, geschält und abgespült frisch gemahlener Pfeffer
200 g-300 g	Champignons, in Scheiben geschnitten		
1	rote Paprika oder 3-4 Tomaten, in kleine Würfel geschnitten		
2-3 EL	Mehl		

Zitronenreis:

350 g	Reis
1 l	Bouillon
1/2 Bund	Petersilie
	Schale einer unbehandelten Zitrone, fein geschnitten

In einem großen Topf etwas Butter zerlassen, Curry und Paprikapulver hinzufügen und umrühren. Zwiebel, Porree und Sellerie hinzufügen und anbraten, dann Champignons und Paprika untermischen und jeweils anbraten. Mehl darüber streuen und gut umrühren.

Tomatensaft, Wasser und Sahne hinzugeben. Nun 4-5 Minuten kochen lassen, dann Knoblauch und Cayennepfeffer oder Tabasco-Sauce hinzufügen. Kurz aufkochen lassen. Garnelen untermischen und danach nicht mehr kochen lassen. Mit Pfeffer würzen.

Dieses Gericht wird am besten mit Zitronenreis serviert. Reis in schwacher Bouillon kochen, dann Petersilie und Zitronenschale untermischen.

Smaklig måltid!

Vattens räkgryta   för 6 personer

	Citronris
300-700 gr skalade räker	
1 finhackad gul lök	ris
smör eller margarin	buljong
	persilja
3-4 tsk curry	1 citron
1 tsk paprikapulver	
1 stor strimlad purjolök	

200-300 gr champinjoner
4-5 stjälkar blekselleri
1 röd paprika <u>eller</u>
3-4 tomater, skurna i tärningar
2-3 msk vetemjöl
1 dl tomatsaft
1 dl vatten
3 dl vispgrädde
2 stora vitlöksklyftor
cayennepeppar eller tabascosås
Peppar

Fräs löken i fettet, blanda i curry och
paprikapulver och rör om. Tillsätt purjo-
lök och strimlad blekselleri och fräs upp.
Lägg i svampen och paprikan och låt koka
upp. Strö över mjölet, rör om och späd
med tomatsaft, vatten och grädde. Låt
koka 4-5 min. Pressa i vitlök och kryd-
da med cayennepeppar eller tabascosås.
Blanda i räkorna och låt allt bli genom-
varmt. Smaksätt med peppar.

Till den här rätten passar citronris
väldigt bra. Koka ris i svag buljong.
Blanda ner hackad persilja och finskuret
citronskal i det heta riset.

Smaklig måltid!

Siegfried Jerusalem
Tenor

Shrimps in der Pfanne geröstet

Das essen meine Kollegen gern!

Für etwa 4 Portionen
brauche ich:

350 g	Shrimps
1	Gemüsezwiebel
1	rote Paprikaschote
2 Stangen	Sellerie
300 g	frische Shiitakepilze
200 g	Zuckerschoten
1	Knoblauchzehe
2 cm	Ingwerwurzel
200 ml	kalte Hühnerbrühe
3 EL	Sojasauce
2 EL	Erdnussöl

Die Shrimps säubern und den Darm entfernen. Zwiebel, Paprika und Sellerie putzen, waschen. Alles in Streifen schneiden. Pilze putzen, in dünne Scheiben schneiden. Zuckerschoten waschen, die Enden abknipsen. Knoblauch und Ingwer schälen und fein hacken. Brühe und Sojasauce verrühren.

In der Pfanne 1 EL Öl erhitzen. Die Gemüsestreifen darin unter Rühren etwa 2 Minuten braten. Die Pilze zugeben und weitere 2 Minuten rühren. Die Zuckerschoten hineingeben, 2 Minuten mitbraten. In einer Schüssel warm halten.

Restliches Öl erhitzen. Shrimps mit Knoblauch und Ingwer 3 Minuten hineingeben und rühren. Gemüse und Saucenmischung zugeben und alles kurz aufkochen.

Shrimps in der
Pfanne gerührt.

Das essen meine Kollegen gern!

Für etwa 4 Portionen brauche ich:
350 g Shrimps
1 Gemüsezwiebel
1 rote Paprikaschote
2 Stangen Sellerie
300 g Shiitakepilze
200 g Zuckerschoten
1 Knoblauchzehe
2 cm Ingwerwurzel
200 ml kalte Hühnerbrühe
3 EL Sojasauce
2 EL Erdnussöl

Die Shrimps säubern und den Darm
entfernen. Zwiebeln, Paprika und
Sellerie putzen, waschen. Alles in
Streifen schneiden.
Pilze putzen, in dünne Scheiben
schneiden. Zuckerschoten waschen, die
Enden abknipsen. Knoblauch und
Ingwer schälen und fein hacken.
Brühe und Sojasauce verrühren.

In der Pfanne 1 EL Öl erhitzen.
Die Gemüsestreifen darin unter
Rühren etwa 2 Minuten braten.
Die Pilze zugeben und weitere
2 Minuten pfannenrühren.
Die Zuckerschoten hineingeben,
2 Minuten mitbraten.
In einer Schüssel warm halten.

Restliche Öl erhitzen. Shrimps
mit Knoblauch und Ingwer
3 Minuten pfannenrühren.
Gemüse und Saucenmischung
zugeben und aufkochen.

Siegfried Jerusalem

Eva Johansson
Sopran

Schalentier-Frikassee

10-12	Flusskrebse
	Salz
4-5 EL	Butter
4	Karotten
1	dicke Scheibe Sellerie
4	Stangen Lauch
1	Zwiebel
1	Zweig Thymian
300 ml	heller Fischfond
100 ml	trockener Weißwein
100 ml	helle Bouillon
300 g	Jakobsmuscheln, ohne Schalen
300 g	Garnelen, ohne Schalen
	Dill

Die Krebse werden 6 Minuten in kochendem, leicht gesalzenem Wasser gekocht. Nimm sie raus und entferne die Schalen von den Schwänzen. Die Schalen werden dann in 1 EL Butter zusammen mit grob geriebenen Karotten und Sellerie, dem fein geschnittenen Lauch, der in Scheiben geschnittenen Zwiebel und dem Thymian sautiert.
100 ml vom Fischfond werden zusammen mit Wein und Bouillon zugefügt und gekocht, bis nur noch die Hälfte übrig ist. Jetzt werden 4 EL Butter zugefügt und aufgeschlagen. Die Jakobsmuscheln werden kurz in dem Fischfond pochiert (gekocht) und die Garnelen werden darin aufgewärmt. Der Rest von dem Gemüse wird in dünne Streifen geschnitten und in dem Rest der Bouillon gekocht – das Gemüse soll immer noch „Biss" haben.

Das Gemüse wird auf Tellern angerichtet und die Sauce wird angegossen. Darüber werden die Schalentiere angerichtet und mit Dill bestreut. Mit gekochtem Reis servieren.

Skaldyrsfrikassé!

10-12 Krebs

300 g Kammuslinger uden skal

300 g pillede rejer

4 gulerødder

4 porrer

1 tyk skive selleri

1 løg

1 stilk timian

3 dl. lys fiskefond

1 dl. tør hvidvin

1 dl. lys bouillon

4-5 spsk. smør

salt og dild.

Kom krebsene i kogende, letsaltet vand og kog dem 6 min. Tag dem op og pil skallerne af halen. Sautér skallerne i smør sammen med to grofthrevne gulerødder, 1 fintsnittet porre, 1 skivet løg samt timian. Tilsæt 1 dl. af fiskefonden samt vin og bouillon og kog det godt ind, til ca. halvdelen er igen. Hæld det igennem en sigte og hæld tilbage i gryden. Tilsæt 4 spsk. smør og pisk til saucen er svær. Pocher kammuslingerne ganske kort i fiskefonden og varm rejerne heri. Skær resten af urterne i tynde strimler og damp dem mørt i resten af bouillonen - grøntsagerne skal stadig have bid. Hæld saucen ved grøntsagerne.

Læg de strimlede grøntsager på parkanstallerterne og hæld saucen over. Anret skaldyrene herpå og læg dildkvist ved.

Serveres med kogt ris til!

Eva Johansson

Michaela Kaune
Sopran

Lachs in Safran

Für 4 Personen:

2	Schalotten
1/8 l	trockener Weißwein
4	Lachsfilets à 150 g (oder am Stück)
2 Becher	Crème fraîche
	Safran nach Wunsch
	Salz
	Pfeffer
ca. 250 g	schwarze Nudeln

Schalotten pellen und in Würfelchen schneiden. Wein in eine Pfanne geben und darin die Schalottenwürfelchen glasig werden lassen.

Währenddessen den Lachs in Würfel schneiden, in die Pfanne geben und zugedeckt bei mittlerer Hitze ca. 7-8 Minuten dünsten.

Mit Crème fraîche abbinden und den Safran je nach Geschmack und Farbwunsch hinzufügen. Mit Salz und Pfeffer würzen.

Die Nudeln nach Packungsangabe kochen und dann portionsweise mit dem Lachs auf einem Teller anrichten und servieren.

Perrier Tipps: Um das Gericht optisch interessanter zu machen, können 125 g normale Nudeln mit 125 g schwarzen Nudeln kombiniert werden.

Zum Lachs in Safran schmeckt ein gut gekühlter Prosecco di Valdobbiadene am besten.

Guten Appetit!

Lachs in Safran   für 4 Personen

Zutaten:
- 4 Lachsfilets a 150g (oder am Stück)
- 2 Schalotten
- 2 Becher Creme fraiche
- 1/8 l trockenen Weißwein
- Safran nach Wunsch
- Salz und Pfeffer
- ~250g schwarze Nudeln

Zubereitung:
Schalotten pellen und in kleine Würfelchen schneiden. Wein in eine Pfanne geben und darin die Schalottenwürfelchen glasig werden lassen.
Währenddessen den Lachs in Würfel schneiden, in die Pfanne dazugeben und zugedeckt bei mittlerer Hitze ca. 7-8 min. dünsten.
Mit Creme fraiche abbinden und den Safran je nach Geschmack und Farbwunsch hinzufügen. Mit Salz und Pfeffer würzen.

Die Nudeln nach Packungsangabe kochen und dann portionsweise mit dem Lachs auf einem Teller anrichten und servieren.

Guten Appetit!   Michaela Heine

Scampi mit Feta-Käse

Als Vorspeise für 2 Personen.
Sie brauchen:

125 g	Feta-Käse
1/2 Tasse	Olivenöl
1/2 Tasse	Weißwein
5-10	Scampi
1/2	Zitrone
	Pfeffer
1/2 Bund	frische Minze

Den Feta-Käse zerbröseln. Etwa 2 EL auf einen Teller geben. Etwa eine halbe Tasse Olivenöl mit dem Weißwein in eine Pfanne geben. Wenn es siedet, die Scampi dazugeben. Die Pfanne vom Herd nehmen und abkühlen lassen. Wenn sie lauwarm ist, die Scampi auf dem Feta verteilen. 3-4 EL des Bratensaftes darüber geben. Eine halbe Zitrone darüber pressen. Pfeffern – nicht salzen, der Feta ist salzig genug! Über alles eine Hand voll klein gehackte Minze streuen.

perrier Tipps: Dazu Fladenbrot und eine Schale schwarze Oliven reichen. Bei den Oliven sollten Sie eine Sorte wählen, die zwar würzig ist, jedoch nicht so stark, dass sie den Geschmack der Scampi überdeckt. Geeignet sind z.B. Kalamata-Oliven.

Zu den Scampi passt ein gut gekühlter griechischer Weiß- (z.B. Retsina) oder Roséwein (Kokkineli, Retsina als Rosé).

Guten Hunger!

Als Vorspeise. Für 2 Pers.

Sie brauchen: Feta Käse
Öl
Weißwein
Zitrone
Scampi
Frische Minze

Den Fetakäse zerbröseln. Etwa 2 Essl. auf einen Teller geben. Etwa 1½ Tassen Öl in eine Pfanne geben, dazu ½ Tasse Weißwein. Wenn es siedet, die Scampi dazu. Etwa 8-10. Je nach Grösse. Die Pfanne vom Herd nehmen und abkühlen lassen. Wenn es lauwarm ist dann die Scampi auf den Feta verteilen, 3-4 Essl. Öl und darüber. ½ Zitrone darüberpressen. Pfeffer. Kein Salz - der Feta ist salzig genug. Über alles kleingehackte Minze. Eine Hand voll.

Guten Hunger!

[Unterschrift]

Jochen Kowalski

Countertenor

Schmorgurken mit Kassler und Brühtomatenkartoffeln

Für 4 Personen:

1,5 kg	dicke, gelbe Schmorgurken Balsamessig
300 g	durchwachsener Speck
3	mittelgroße, weiße Zwiebeln
1 TL	roter Pfeffer (ganz) Salz schwarzer Pfeffer (gestoßen) Zitronensaft Zucker
	Kartoffeln für 4 Personen (ca. 500 g)
2-3	reife Tomaten frischer Liebstöckel Olivenöl
4 (bzw. 8)	Scheiben Kassler-Kotelett – je nach Appetit!
1	schöne große Knoblauchzehe
1 EL	saure Sahne
1 Bund	Dill

Zunächst die Gurken schälen, halbieren (der Länge nach) und das wässrige Gurkenfleisch mit den Kernen herausschaben. Danach Gurkenstücke mit Küchenpapier trocknen und in lange Stücke schneiden – wie Rindergulasch. Über die Gurkenstücke Balsamessig geben und ca. 1 1/2-2 Stunden ziehen lassen (zugedeckt und nicht so kalt – aber mehrmals wenden!). Speck und Zwiebeln würfeln. Speck im Schmortopf ausbraten lassen und Zwiebeln dazugeben, bis sie leicht braun sind. Dann die Gurkenstücke dazugeben und ca. 30-40 Minuten schmoren lassen. Bei Bedarf Wasser oder Fleischbrühe zum Auffüllen nachgießen. Bitte keine Instantbrühe. Jetzt rote Pfefferkörner, Salz, schwarzen Pfeffer, Zitronensaft und Balsamessig dazugeben und mit Zucker einen süß-sauren, herzhaften Geschmack zaubern!

Das ist eine Sache des Gefühls und des guten Geschmacks und kann sich nicht in Gramm usw. artikulieren. Man braucht Fingerspitzengefühl und eine gute „Zunge"! Eben Feeling!!!

Kartoffeln schälen und kochen wie bekannt. Tomaten und mehrere Blätter Liebstöckel mitkochen lassen! Das macht die Kartoffeln sehr pikant. Olivenöl in die Bratpfanne geben und die von beiden Seiten sanft geklopften Kasslerscheiben schön anbraten. Natürlich beide Seiten! Das Öl sollte sehr heiß sein, damit die Kasslerstücke schön saftig bleiben. Fleisch ca. 8-10 Minuten garen und Knoblauchzehe mit der Knoblauchpresse über die fast garen Kasslerscheiben geben. Pfanne abdecken und noch ca. 5 Minuten ziehen lassen (dabei die Pfanne von der Herdplatte nehmen).

Beim Anrichten sollte man über jede Scheibe Kassler 1 EL saure Sahne geben. Die Gurken sollten fast bissfest sein und reichlich Sauce haben. Am besten, man trinkt einen guten Champagner dazu!

Guten Appetit!

PS: Wer es mag, kann den klein gehackten Dill über die Schmorgurken geben. Je nach Geschmack und Bedarf!

Jochen Kowalski

Schmorgurken mit Kassler
und Strauchtomaten-Kartoffeln!

① Zutaten für ca. 4 Personen
4 (bzw. 8) Scheiben Kassler-
Kotelett – je nach Appetit!
- Eine schöne grosse Knoblauch
  zehe;
- 1500 kg dicke, gelbe Schmor-
  gurken;
- 300 gr durchwachsener Speck;
- 3 mittlere weisse Zwiebeln;
- Butter, Zucker, Salz, schwarzer
  Pfeffer (gestossen), 1 Teelöffel roter
  Pfeffer (ganz), 1 Bund Dill,
  Aceto Balsamico, Zitronensaft
- Kartoffeln für 4 Personen (nach
  Bedarf), frischer Liebstöckel und
  2-3 reife TOMATEN, Olivenoel

Zunächst die Gurken schälen, dann
halbieren (der Länge nach) und
das weisse Gurkenfleisch mit
den Kernen herausschaben. Danach
Gurkenstücke mit Küchenpapier
trocknen und dann in lange
Stücke schneiden – die Rinder-
goulasch. Über die Gurkenstücke
Aceto Balsamico geben und
ca. 1½-2 Stunden ziehen lassen
(zugedeckt und nicht so kalt
– aber mehrmals wenden!)
Speck und Zwiebel würfeln.
Speck im Schmortopf ausbraten
lassen und Zwiebeln dazu-
geben bis sie leicht braun
sind. Dann die Gurkenstücke
dazugeben und ca. 30-40
Minuten schmoren lassen. Bei
Bedarf Wasser oder Fleischbrühe

zum Auffüllen nachgiessen. Bitte
keine Instantbrühe!!
Jetzt rote Pfefferkörner, Salz, schwarzer
Pfeffer, Zitronensaft und Aceto
Balsamico dazugeben und
mit Zucker einen süss/sauren
herzhaften Geschmack zaubern!
Das ist eine Sache des Gefühls
und des guten Geschmacks
und kann ich nicht in
Grammen bzw. artikulieren.
Man braucht Fingerspitzen-
gefühl und eine gute
"Junge"! Eben: Feeling!!!

Kartoffeln schälen und kochen
wie bekannt. TOMATEN und
mehrere Blätter Liebstöckel mitkochen lassen! Das macht
die Kartoffeln selbst pikant!

Olivenoel in Bratpfanne
geben und die, von beiden
Seiten sanft geklopften, Kassler-
Scheiben schön anbraten.
Natürlich auch beide Seiten!
Das Oel sollte sehr heiss
sein, damit die Kasslerstücke
schön saftig bleiben.
Fleisch ca. 8-10 min. Später
und Knoblauchzehen mit
der Knoblauchpresse über
die fast garen Kasslerscheiben
ausdrücken. Pfanne abdecken
und noch ca. 5 min. ziehen
lassen. (Pfanne von der Herdplatte nehmen)

Beim Anrichten sollte man
über jede Scheibe Kassler einen
Esslöffel Sauce Saure Sahne geben.
Die Gurken fast bissfest sein
und reichlich Sauce haben.
Am Besten, man trinkt
einen guten Champagner
dazu!

Guten Appetit!
Ihr Jochen
Kowalski

P.S. Wer es mag, kann den klein-
gehackten Dill über die
Schmorgurken geben. Je nach
Geschmack und Bedarf!

Eva Marton

Sopran

Belegtes Kraut
(wie Eva M. es zubereitet)

Für 8 Personen:

2 kg	Sauerkraut
4-5	Lorbeerblätter
	schwarzer Pfeffer (ganze Körner)
150 g	Reis
4 EL	Speiseöl
1 Tasse	Fleischbrühe
1	große Zwiebel
2	Knoblauchzehen
750 g	Schweinemett
	Salz
1/2 Teelöffel	scharfes Paprikapulver
1 Teelöffel	süßes Paprikapulver
300 g	dünne ungarische Salami
	(oder Cabanossi)
300 ml	saure Sahne (Schmand)
150 g	Räucherspeck

Das Sauerkraut mit Wasser einmal durchwaschen, abtropfen lassen. Mit den Lorbeerblättern und ganzen Pfefferkörnern in ein wenig Wasser weich kochen. Reis in 2 EL Öl anbraten und in Brühe fertig kochen. In einer weiteren Pfanne die klein geschnittene Zwiebel anbraten. Knoblauch dazupressen. Schweinemett dazugeben. Ein paar Minuten braten. Anschließend vom Herd nehmen, salzen und mit beiden Paprikasorten bestreuen. Eine dickwandige Glasform oder einen schweren Metallbräter mit Öl bepinseln, mit einem Drittel des Sauerkrauts füllen. Darauf kommt die Hälfte der Fleischmasse und die Hälfte des Reises. Darauf kommen 150 g der Salamischeiben und ein Drittel der sauren Sahne. Darauf wieder ein Drittel des Sauerkrauts. Darauf die andere Hälfte von Fleisch und Reis, die restliche Salami und das zweite Drittel vom Schmand. Das Ganze mit dem restlichen Drittel des Sauerkrauts belegen. Ganz zum Schluss das Kraut mit dünnen Speckscheiben belegen und den Rest des Schmands darauf verteilen.

Das Kraut ohne Deckel im vorgeheizten Ofen bei 200 Grad 20-25 Minuten fertig backen.

Kolozsvári rakott káposzta, ahogy én csinálom.

Hozzávalók:

2 kg savanyú káposzta
75 dkg darált disznóhús
15 dkg rizs
1 csésze húsleves
1 fej hagyma
2 gerezd fokhagyma
4 evőkanál főzőolaj
1/2 háztartási erőspaprika
1 háztartási édespaprika

15 dkg füstölt szalonna
30 dkg füstölt kolbász
3 dl tejföl
feketebors szemek
törött bors (kés hegynyi)
4-5 babérlevél
só (ízlés szerint)

A savanyú káposztát először enyhén vízzel átmosom, majd egészen kevés hagymával és babérlevéllel, fekete bors-szemekkel kevés vízzel puhára főzöm. Két kanál főzőolajban megpirított rizzsel a húslevesben megfőzöm. Külön serpenyőben, forró olajban megpirítom az apróra vágott hagymát, kis idő után a szintén apróra vágott fokhagymát, majd hozzáadom a darált disznóhúst. Miután jól összekevertem pirítom még néhány percig. Tűzről lehúzva megszórom, beleöntöm a pirospaprikát (erőset és édeset) a törött borsot.

Egy jénai tálat, vagy vastagfalú edényt bekenek főzőolajjal majd a párolt savanyú káposzta egyharmadával lefedem az alsó rétegét, erre ráteszem a darálthúst, valamint a rizs felét, majd a karikára vágott kolbászt, végezetül ráöntöm a tejföl felét.

Ezt befedem a savanyú káposzta második harmadával, a megmaradt hússal, rizzsel és legvégül a savanyú káposzta harmadik részével és a megmaradt kolbászkarikákkal. A végén az egészre vékonyra szeletelt füstölt szalonnát fektetek. A maradék tejfölt ráöntöm és meghúzom a tetejére.

Fedő nélkül előre melegített sütőben sütöm kb 20-25 percig.

Jó étvágyat!

Miharmin Éva

Placido Domingo · José Carreras · Luciano Pavarotti
Die Drei Tenöre

Das Drei-Tenöre-Menü

Risotto mit Meeresfrüchten
Limettensorbet
Gefüllte Stubenküken mit Zucker-
schoten und Karotten in Balsamessig
Katalanische Creme

Luciano Pavarotti, José Carreras und Placido Domingo sind Grenzgänger – im besten Sinne des Wortes. Als stimmgewaltiges Trio haben sie die Trennlinie zwischen E- und U-Musik überschritten. Sie haben Millionen von Menschen auf der ganzen Welt mit Opernarien bekannt gemacht, die noch nie zuvor einem derartigen Massenpublikum zu Ohren gekommen sind. „Die Drei Tenöre" haben ihre Zuhörer inspiriert und zum Träumen gebracht. Vom Gesang der „drei göttlichen Stimmen" begeistert ist auch Gastro-Expertin Emanuela Dabbeni, die den Opernstars das folgende Menü gewidmet hat.
Die Zusammensetzung der Speisefolge verdankt sich der Tatsache, dass alle drei Sänger im Mittelmeerraum und im Winter geboren sind: Die Gänge sind von einer gewissen Deftigkeit, wie man sie in der kalten Jahreszeit schätzt, ohne jedoch auf leichte Zwischentöne der südländischen Küche zu verzichten. Zusammen mit einer CD der „Drei Tenöre" verspricht das Menü Ihnen und Ihren Gästen Kunstgenuss – im besten Sinne des Wortes.

Guten Appetit!

Die Zutaten des kompletten Menüs sind für vier Personen berechnet – vielleicht isst der Dirigent ja auch mit ...

Vorspeise I

Risotto mit Meeresfrüchten

500 g	Seeteufel
500 g	Venusmuscheln
500 g	Miesmuscheln
I	Karotte
50 g	Stangensellerie
2	kleine Zwiebeln
I	Knoblauchzehe
2 EL	Olivenöl Extra Vergine
3 EL	glatte Petersilie, fein gehackt
8	Jakobsmuscheln
70 g	Butter
350 g	Risotto-Reis
250 ml	Champagner
I l	Fischsud
	Salz
	weißer Pfeffer aus der Mühle

Seeteufel filetieren, in 2 cm große Stücke schneiden. Muscheln unter fließendem Wasser waschen. Karotte schälen und mit Stangensellerie klein würfeln. Zwiebeln und Knoblauch schälen und fein hacken. In einer großen Pfanne Olivenöl erhitzen, die Hälfte der Zwiebeln, Knoblauch, Karotte und Sellerie darin andünsten. 1 EL Petersilie dazugeben. Muscheln in die Pfanne geben, mit 125 ml Champagner ablöschen. Zugedeckt garen, bis die Muscheln sich geöffnet haben. Muscheln, die sich nicht öffnen, in den Abfall geben. Alles vom Herd nehmen, warm stellen. Inzwischen 30 g Butter in einer Pfanne schmelzen, Jakobsmuscheln und Seeteufelstücke darin vorsichtig anbraten. Warm stellen. In einem Topf den Rest der Butter schmelzen, die zweite Hälfte der Zwiebeln darin andünsten, Reis hinzufügen, 2 Minuten mitdünsten. Mit 125 ml Champagner ablöschen und heißen Fischsud nach und nach aufgießen, bis der Reis bissfest gegart ist. Zwischendurch eventuell mit Salz würzen. Am Ende der Garzeit die restliche Butter zum Reis geben. Muscheln – bis auf einige Exemplare zum Garnieren – aus der Schale lösen. Muscheln, Jakobsmuscheln und Seeteufelstücke unter das Risotto mengen. Mit Petersilie bestreuen und mit weißem Pfeffer würzen. Auf vier Teller verteilen und mit Muscheln in der Schale garnieren.

VORSPEISE II

Limettensorbet

500 ml	stilles Mineralwasser
400 g	Zucker
Schale von 2	unbehandelten Limetten (Limonen)
500 ml	frischer Limettensaft
1	Eiweiß
4	Limettenscheiben
4 Zweige	Zitronenmelisse

Wasser, Zucker und Limettenschale zu einem Sirup kochen. Durch ein Sieb gießen und mit Limettensaft gründlich mischen. Die Masse in einer flachen Metallschüssel im Gefrierfach des Kühlschranks zu einem Wassereis gefrieren lassen. Das Eis muss während des Erstarrens zwei- bis dreimal kräftig durchgerührt werden. Eiweiß sehr steif schlagen und unter die gefrorene Sorbetmasse rühren.

Das Sorbet 1 Stunde vor dem Servieren aus dem Tiefkühlfach in den Kühlschrank stellen. Mit einem Eisformer kleine Eisbällchen formen und in gekühlte Kelchgläser füllen.

Das Sorbet mit Limettenscheiben und Melissezweigen dekorieren.

HAUPTGANG

Gefüllte Stubenküken

50 g	Weißbrot ohne Rinde
100 ml	Milch
20 g	schwarze Trüffeln
80 g	Walnusskerne, gehackt
60 g	Pinienkerne
30 g	Parmesan, gerieben
2 EL	glatte Petersilie, gehackt
1	Ei
	Muskat
	Salz
	Pfeffer
30 g	Schalotten
75 g	frische Entenleber
50 g	durchwachsener Speck, am Stück
50 g	Butter
2	küchenfertige und ausgebeinte (ohne Knochen) Stubenküken à 400 g
6 EL	Olivenöl Extra Vergine
2	Rosmarinzweige

Weißbrot in Würfel schneiden, in einer großen Schüssel in Milch einweichen. Trüffeln sehr fein hacken und mit Walnuss- und Pinienkernen, Parmesan, Petersilie, Ei und dem eingeweichten Brot vermischen. Mit Muskat, Salz und Pfeffer kräftig würzen. Schalotten schälen und fein hacken, Entenleber in kleine Stücke schneiden, Speck würfeln. Butter in einer Pfanne erhitzen, Schalotten, Entenleber und Speck darin anbraten. Alles zu den anderen Zutaten in die Schüssel geben und gut vermischen, bis die Füllung ziemlich klebrig wird; eventuell Milch hinzufügen.

Die Stubenküken mit der Masse füllen und sorgfältig zunähen. Olivenöl in einen Bräter gießen, Rosmarinzweige und die Stubenküken hineinlegen, mit Olivenöl bepinseln und im vorgeheizten Backofen bei 180 Grad ca. 2 Stunden braten lassen. Immer wieder mit dem Bratensaft übergießen.

Nach der Bratzeit die Küken herausnehmen, mit einem sehr scharfen Messer der Länge nach halbieren, jede Hälfte auf einem Teller anrichten und mit Bratensaft begießen. Mit der Beilage servieren.

BEILAGE

Zuckerschoten und Karotten
in Balsamessig

400 g	Zuckerschoten
4	Karotten
30 g	Butter
1 TL	Zucker
2 EL	Balsamessig

Zuckerschoten waschen und putzen, Karotten schälen und in schräge Scheiben schneiden. In heißem Salzwasser 5 Minuten kochen, abgießen und kalt abschrecken. Butter in einer Pfanne erhitzen, Karottenscheiben und Bohnen darin kurz anbraten, Zucker dazugeben und mit Balsamessig begießen. Vorsichtig mischen und zum Hauptgang servieren.

DESSERT

Katalanische Creme
(Crema Catalana)

500 ml	Milch
1	Zimtstange
Schale von 1/2	unbehandelten Zitrone (am Stück)
3	Eigelb
150 g	Zucker

Milch mit Zimtstange und Zitronenschale bei schwacher Hitze zum Kochen bringen, vom Herd nehmen. Die Eigelbe mit 100 g Zucker cremig rühren. Zimtstange und Zitronenschale aus der Milch nehmen, nach und nach die Eigelb-Zucker-Mischung in die Milch rühren, wieder auf den Herd stellen und bei schwacher Hitze so lange rühren, bis die Creme dick wird. Die Creme in kleine, feuerfeste Formen füllen, abkühlen lassen und dann für 45 Minuten in den Kühlschrank stellen. Aus dem Kühlschrank nehmen und mit Zucker bestreuen. Zum Karamellisieren kurz unter den Grill stellen.

Waltraud Meier
Mezzosopran & Sopran

Poulet à la Bière (Hühnchen in Bier)

Für 4 Personen:

1	frisches Maishuhn (am besten noch eben gerade frei herumlaufend!)
1 **Beutel**	Rosinen – diese 10 Minuten lang in 1/4 l Bier einweichen
2	Zwiebeln
10	dünne Scheiben durchwachsener Speck
1 l	dunkles Bier
1 EL	Olivenöl
4	Lorbeerblätter
	Salz und Pfeffer

Und so wird's gemacht:

In einen Bräter gibt man das in kleine Stücke zerlegte Hühnchen, streue die Rosinen darüber, verteile dazwischen die in Achtel geschnittenen Zwiebeln zusammen mit dem Speck, den man zu Röllchen geformt hat. Darüber wird das restliche Bier gegossen (es sollte noch ein 3/4 Liter da sein, sonst hat der Koch schon etwas weggetrunken).

Jetzt wird nur noch mit Olivenöl, Lorbeerblättern, Salz und Pfeffer gewürzt und ab geht's damit in den Backofen. Dieser wurde schon auf 220 Grad vorgeheizt, sodass es nur noch 45 Minuten dauert, bis man essen kann.

Ich empfehle übrigens Basmati-Reis dazu – und natürlich eine „Extra-Maß"
vom dunklen Bier. Guten Appetit! **Perrier Tipp:** Servieren Sie zu diesem Gericht dunkles Brot und einen Tomaten-Paprika-Salat.

Poulet à la Bière
(Hähnchen in Bier)

Zutaten:
1 frisches Maishuhn (am besten noch gerade eben frei herumlaufend!)

2 Zwiebeln
10 dünne Scheiben durchwachsenen Speck
1 l dunkles Bier
1 Beutel Rosinen – diese 10 Minuten lang in ¼ l Bier einweichen

1 EL Olivenöl
4 Lorbeerblätter
Salz und Pfeffer

Und so wird's gemacht:

In einen Bräter gibt man das in kleine Stücke zerlegte Hähnchen, streue die Rosinen darüber, verteile dazwischen die in Ringe geschnittenen Zwiebeln zusammen mit dem Speck, den man zu Röllchen geformt hat. Darüber wird der Rest Bier gegossen. (Es sollten noch ¾ l da sein, sonst hat der Koch schon was weggetrunken.) Jetzt wird nur noch mit Olivenöl, Lorbeerblättern, Salz und Pfeffer gewürzt und ab geht's damit in den Backofen. Dieser wurde schon auf 220° vorgeheizt, sodaß es nur noch 45 Minuten dauert, bis man essen kann. Ich empfehle übrigens Basmati-Reis dazu – und natürlich eine "Extra-Maß" von dunklem Bier.
Guten Appetit!

Waltraud Neu

Wolfgang Neumann
Tenor

Weißkohl und Birnen

500 g	Weißkohl
4	kleine Birnen
250 g	Schweinebauchfleisch
50 g	Schmalz
I TL	Zucker
4	große Kartoffeln

Den Weißkohl klein schneiden, Birnen schälen, mit Kohl und Schweinebauchfleisch kochen, bis alles gar ist. Bei Bedarf und nach Geschmack während des Kochens Schmalz und Zucker dazugeben.

Alles zusammen auf einem Teller mit Salzkartoffeln anrichten.

Viel Vergnügen beim Essen! Tipp: Ergänzen Sie 1 TL Fenchelsamen und servieren Sie dunkles Bier zum Weißkohl.

Weiskohl und Birnen.

Den Weiskohl kleinschneiden, zusammen
mit festen Birnen und Schweinebauchfleisch
kochen, bis alles gar ist. Bei Bedarf und
nach Geschmack, während des kochens, etwas
Fett und Zucker dazugeben.
Alles zusammen auf einen Teller
mit Salzkartoffeln anrichten.
Viel Vergnügen beim essen,

Wolfgang Ullmann

13-1, Takanawa 3-chome, Minato-ku, Tokyo 108 Japan Phone:03-3442-1111 Telex:242-7418
The New Takanawa Prince Hotel is linked to the Takanawa Prince Hotel by the Japanese Garden.

Itzhak Perlman

Violinist & Bass

Spinat – wie schon meine Mutter ihn zubereitete

Für 2 Personen:

1/2 kg	Spinat
2 1/2 EL	Butter
2	Eier, geschlagen
	Salz und Pfeffer zum Abschmecken

Den Spinat kochen, bis er weich ist. Gründlich abtropfen lassen.

Butter in einer Pfanne erwärmen und den Spinat darin dünsten.

Salzen.

Wenn der Spinat heiß ist, gut mit den aufgeschlagenen Eiern verrühren – so lange, bis die Eier gut gekocht sind und sich mit dem
Spinat vermengt haben. **Perrier Tipp:** Wer den Spinat verfeinern möchte, brät eine unge-
schälte, zerdrückte Knoblauchzehe in der Butter an und entfernt
diese, bevor der Spinat dazugegeben wird. Zum Schluss kann der Spinat
zusätzlich mit etwas frisch geriebener Muskatnuss gewürzt werden.

SPINACH "my mother taught me"

½ kg Spinach
2½ tablespoons butter
Salt to taste
2 eggs – beaten.

Cook spinach till tender. Drain very
thoroughly.
Melt butter in skillet and sauté spinach
Add salt.
When spinach is hot and well mixed
with butter add beaten eggs –
keep stirring till eggs are cooked
and well mixed with spinach.

Itzhak Perlman

Max Raabe
Tenor

Pflaumenknödel

Für 4 Personen:

100 g	Butter
50 g	Zucker
3	Eier
	Salz
300 g-400 g	Mehl
1 gestrichener TL	Backin
90 g	Semmelbrösel
500 g	Quark
500 g-750 g	Pflaumen
	Würfelzucker
	Zucker-Raffinade
	Zimt

Butter und Zucker schaumig rühren. Eier und etwas Salz hinzufügen. Mehl mit einem gestrichenen Teelöffel Backin verziehen, mit 75 g geriebener Semmel und dem Quark unter die Rührmasse arbeiten. Teig (darf nicht mehr kleben!) zur Rolle formen, gleichmäßige Scheiben abschneiden. Pflaumen waschen, abtrocknen, entsteinen, mit einem Stück Würfelzucker füllen.

Jede Pflaume mit einer Teigscheibe fest umschließen. Knödel in schwach kochendes Salzwasser geben, worin sie nur ziehen sollen. Wenn die Knödel oben schwimmen – das ist nach ca. 20 Minuten der Fall – herausnehmen, abtropfen lassen, in mit Zucker gerösteten Semmelbröseln wälzen. Etwas Zimt darüber streuen. perrier Tipp: Dazu schmeckt ein süßer Muskateller, z.B. Moscato di Pantelleria.

Max Raabe

Pflaumenknödel

100g Butter und 50g Zucker schaumig rühren, 3 Eier und etwas Salz hinzufügen. 300 bis 400g Mehl mit 1 gestrich. Teel. Backin verrieben, mit 75g geriebener Semmel und 500g Quark unter die Rührmasse arbeiten. Teig (darf nicht mehr kleben!) zur Rolle formen, gleichmäßige Scheiben abschneiden. 500 bis 750g Pflaumen waschen, abtrocknen, entsteinen, mit einem Stück Würfelzucker füllen. Jede Pflaume mit einer Teigscheibe fest umschließen. Knödel in schwach kochendes Salzwasser geben, das nur ziehen soll. Wenn die Knödel oben schwimmen - das ist nach ca. 20 Min. der Fall - herausnehmen, abtropfen lassen, in mit Zucker gerösteten Semmelbröseln wälzen. Etwas Zimt dazu.

Max Raabe

Ruggero Raimondi
Bassbariton

Geschnetzeltes vom Rind

Für 2 Personen:

2	Möhren
2 Stangen	grüner Sellerie
1/2	Zwiebel
100 g	Butter
200 g	Rindfleisch (oder Schweinefilet oder -lende)
	Salz
	Muskat
1-2 Tassen	Milch
1 Tasse	Tomatenmark
evtl. 1	Brühwürfel
evtl.	Tomatenkonzentrat

Möhren, Sellerie und 1/2 Zwiebel (alles gut klein hacken) gut in Butter dünsten, rosig werden lassen. Rindfleisch klein hacken und zu dem Gemüse in die Pfanne werfen. Gut salzen! Mit Muskatnuss würzen und alles gut auf dem Feuer unter Rühren 5-6 Minuten mischen. Eine Tasse Milch dazugeben und auf dem Feuer weitere 10 Minuten kochen. Falls dies nicht ausreicht, eine weitere halbe Tasse Milch dazugießen. Eine große Tasse Tomatenmark kommt jetzt dazu. Alles langsam 20 Minuten köcheln lassen. Nach Geschmack und Belieben noch einen Würfel Brühe und Tomatenkonzentrat dazugießen und servieren ... und beten ...

Bewährter Vorschlag meiner Mutter: gleichzeitig ein Stück Parmesanrinde mitkochen!

E) DUE CAROTE + 2 PEZZI DI SEDANO

½ CIPOLLA IL TUTTO BEN TRITATO E PESTATO +

100 g. DI BURRO.

FARE ROSOLARE BENE. DORARE.

* 2:) DUE ETTI DI MANZO (UNA VARIANTE - AGGIUNGERE

AL MANZO 100 g. DI LOMBO O FILETTO DI MAIALE)

FARLO TRITARE FINO E METTERE NEL TEGAME

INSIEME AGLI ODORI ROSOLATI (DORATI)

SALARE GIUSTO - AGGIUNGERE UN PO' DI NOCE

MOSCATA E MESCOLARE TUTTO MOLTO BENE PER

5-6 MINUTI (SUL FUOCO)

3:) METTERE UN BICCHIERE (NORMALE) DI LATTE

E FARLO ASSORBIRE A FUOCO LENTO PER 10 MINUTI

(SE IL LATTE NON BASTA AGGIUNGERE ½ BICCHIERE

DI LATTE)

4:) METTERE SUGO DI POMODORO (UNA TAZZA GRANDE)

FARE BOLLIRE ADAGIO PER 20 MINUTI ...

PER IL SUGO: DILUIRE CONCENTRATO DI POMODORO CON IN

ASSAGGIARE - ... ACQUA E UN DADO DI BRODO

SERVIRE E ..

BUON ....

Ruggero Parini

* VECCHIA INDICAZIONE DI MIA MOMMA. NELLO STESSO

MOMENTO AGGIUNGERE UNA CROSTA DI PARMIGIANO

LASCIARLA FINO FINE COTTURA

Dorothea Röschmann
Sopran

Huhn mit Ingwer und Porree

Für 4 Personen:

2	Hühnerbrüste
1	frische Ingwerknolle
5	Knoblauchzehen
	Sojasauce
1 Glas	Sherry
3 Stangen	Porree
	Sonnenblumenöl
	Mangochutney
	Sambal Oelek/Chili
	Basmatireis

Die Hühnerbrust in mundgerechte Stücke teilen, in eine Schüssel geben.

Die Ingwerknolle schälen und in feine Streifen schneiden, zu dem Huhn geben, dazu auch die geschälten, in feine Streifen geschnittenen Knoblauchzehen. Alles gut durchmischen und mit Sojasauce und Sherry bedeckt etwa 2 Stunden im Kühlschrank ziehen lassen.

Den Porree putzen und in Streifen schneiden. Den Wok erhitzen und in Sonnenblumenöl die marinierten Hühnerstückchen mit Ingwer und Knoblauch schnell garen, im Wok zur Seite schieben, den Porree dazugeben, kurz angaren, mit den anderen Zutaten verrühren.

Eventuell von der Marinade etwas hinzugeben und mit dem Wokdeckel bedeckt einige Minuten ziehen lassen, bis der Porree gar ist. Danach nach Belieben Mangochutney und etwas Chili (!) unterrühren. Dazu schmeckt Basmatireis wunderbar!

Liebe Grüße und guten Appetit!

Huhn mit Ingwer und Porree

2 x Hühnerbrust
3 Stangen Lauch
5 Knoblauchzehen
frische Ingwerknolle
Sojasoße   Wok
Sherry   Sonnenblumenöl
Mangochutney
Sambal Oelek / Chili   Basmatireis

Die Hühnerbrust in mundgerechte Stücke
teilen, in eine Schüssel geben.
Die Ingwerknolle schälen und in feine
Streifen schneiden, zu dem Huhn geben,
dazu auch die geschälten, fein gestreiften
Knoblauchzehen. Alles gut durchmischen
und mit Sojasoße und Sherry bedeckt
etwa 2 Stunden im Kühlschrank ziehen
lassen.
Den Lauch putzen und in Streifen schneiden.
Den Wok erhitzen und in Sonnenblumen-
kernöl die marinierten Hühnerstückchen
mit Ingwer und Knoblauch schnell garen,

im Wok zur Seite schieben, den Lauch
dazugeben, kurz angaren, mit den
anderen Zutaten verrühren.
Eventuell von der Marinade etwas
hinzugeben und mit dem Wokdeckel
bedeckt einige Minuten ziehen lassen,
bis der Porree gar ist.
Danach nach Belieben Mangochutney
und etwas Chili (!) unterrühren.

Dazu schmeckt Basmatireis wunderbar!

Liebe Grüße und

Guten Appetit !!!

Dero Röschma

Matti Salminen
Bass

Mattis Versuchung

Rezept für 4 Personen:

800 g	Kartoffeln
3	große Zwiebeln
1 EL	Butter
	Salz
	Pfeffer
	Butter für die Form
250 g	geräucherter Lachs
	Dill
1-2 Ecken	Blue Castello oder Gorgonzola
250 ml	Schlagrahm

Kartoffeln schälen, in Scheiben oder Stäbchen schneiden. Zwiebeln schälen, halbieren und klein schneiden. In der heißen Butter 5 Minuten dünsten, leicht würzen. Lachsscheiben in 2 cm breite Streifen schneiden. Kartoffeln lagenweise mit Zwiebeln, Lachs, Dill und Käse in eine ofenfeste, gebutterte Form schichten. Mit Kartoffeln abschließen. Rahm steif schlagen und über die Kartoffeln gießen. In der Mitte des auf 200 Grad vorgeheizten Backofens ca. 1 Stunde backen.

perrier **Tipps:** Wenn Sie Ihre Gäste mit einer gelungenen Food-Dekoration überraschen möchten, schneiden Sie während der Backzeit aus einer beiseite gelegten Lachsscheibe die Form eines Fisches, belegen diesen mit Dill und anderen Zutaten (z.B. dünn geschnittenen Karottenscheiben für die Schuppen) und platzieren ihn gegen Ende der Backzeit auf dem Auflauf.

Pikantes Extra: Bestreuen Sie das Gericht kurz vor Ende der Backzeit mit in Essig eingelegten Kapern.

MATIN KIUSAUS

NOIN 800 g PERUNOITA
3 SUURTA SIPULIA
1 RL VOITA
SUOLAA JA PIPPURIA
VOITA VUOKAAN
250 g SAVULOHTA
2,5 DL VISPIKERMAA
BLUE CASTELLO TAI GORGONZOLAJUUSTOA
(1 - 2 PAKKAUSTA)
TILLIÄ

KUORI PERUNAT JA PILKO NE. SAMOIN SIPULIT.
HAUDUTA SIPULIT VOISSA N. 5 MINUUTIN AJAN. LEIKKAA
LOHI N. 2CM:N SUIKALEIKSI. LAITA PERUNAT,
SIPULIT, LOHI SEKÄ SIROTELLEN JUUSTO KERROKSITTAIN
VOIDESTUUN UUNIVUOKAAN. SAMOIN SUOLA JA PIPPURI.
VISPAA KERMA VAAHDOKSI JA LISÄÄ SE SEOKSEEN
PÄÄLLE. ANNA PAISTUA NOIN 200 ASTEESSA
ESILÄMMITETYSSÄ UUNISSA N. TUNNIN AJAN.

Osoite
Ravintola SAVOY
Eteläesplanadi 14
00130 HELSINKI

Puhelin
(09) 176 571

Telefax
(09) 628 715

Andreas Schmidt
Bariton

Steinbuttfilet mit Champagnersauce

Für 8 Personen:

100 g	Schalotten
140 g	Butter
550 ml	Champagner
1 1/4 l	Fischfond (lieber selber machen!)
375 g	Crème double (dickflüssiger Rahm)
	Salz
	Cayennepfeffer
5	Estragonzweige
100 g	rote Linsen
1	Lorbeerblatt
	weißer Pfeffer
8	Steinbuttfilets
50 ml	Sahne

Schalotten würfeln, in 40 g Butter andünsten. 500 ml Champagner dazugießen und stark einkochen. 400 ml Fischfond dazugeben und wieder einkochen. Crème double unterrühren und zehn Minuten schwach kochen. Die Sauce dann mit Salz und Cayennepfeffer würzen.

Drei Estragonzweige dazugeben, vom Feuer nehmen und 10 Minuten ruhen lassen. Danach durchsieben. Linsen in 50 g Butter andünsten, 2 Estragonzweige und ein Lorbeerblatt dazugeben, 1 Liter Wasser ergänzen. Salzen, pfeffern und im Topf ca. 10 Minuten gar ziehen lassen.

Den restlichen Fond in einem breiten Topf aufkochen lassen. Die Steinbuttfilets salzen, pfeffern und in den Fond legen (sie müssen wegen gleichmäßiger Garung bedeckt sein!).

Topf dann vom Herd nehmen und den Fisch im geschlossenen Topf 7-9 Minuten garen lassen. Dann die Sauce kochen, die restliche Butter in Stückchen dazugeben und unterrühren.

Nun die Sahne steif schlagen, mit dem letzten Rest Champagner dazugeben und noch einmal aufkochen lassen. Jetzt den Steinbutt abtropfen lassen und auf die Teller legen. Die Linsen darauf verteilen und die Sauce darüber geben.

Nur Mut, es lohnt sich! Man kann beim Kochen schon mal zwei Gläser Champagner trinken. Das Gericht ist leicht zuzubereiten und dennoch geschmackvoll.

Viel Vergnügen beim Kochen und Verspeisen wünscht Andreas Schmidt

Steinbuttfilet mit Champagnersauce
Für ca. 8 Portionen:
100 g Schalotten, 140 g Butter,
550 ml. Champagner
1¼ l Fischfond (lieber selbermachen!)
375 g Crème double
Salz, Cayennepfeffer, 5 Estragonzweige
100 g rote Linsen, 1 Lorbeerblatt,
weißer Pfeffer, 8 Steinbuttfilets, 50 ml Sahne
Schalotten würfeln, in 40 g Butter andünsten.
500 ml Champagner dazu und stark einkochen. 400 ml Fischfond dazu und wieder einkochen. Crème double unterrühren und 10
Minuten schwach kochen. Die Sauce dann
mit Salz und Cayennepfeffer würzen. 3 Estragonzweige dazugeben, vom Feuer nehmen und
10 Minuten ziehen lassen. Danach durchsieben.
Linsen in 50 g Butter andünsten, 2 Estragonzweige und Lorbeerblatt dazu, ¼ l Wasser
daraufgeben. Salzen, pfeffern (weiß) und
im Topf ca 10 min. garziehen lassen.

Den restlichen Fond in einem breiten Topf
aufkochen lassen. Den Steinbutt salzen,
pfeffern (weiß) und in den Fond legen
(sie müssen wegen gleichmäßiger Garung bedeckt
sein!) Topf dann vom Herd nehmen und
den Fisch im geschlossenen Topf 7-9 min
garen lassen.
Dann die Sauce kochen, die restliche Butter in
Stückchen dazugeben und unterrühren.
Nun die Sahne steifschlagen und mit dem
letzten Rest Champagner dazugeben und
noch einmal aufkochen lassen.
Jetzt den Steinbutt abtropfen und auf die
Teller legen. Die Linsen darauf verteilen
und die Sauce darübergeben.
Nur Mut, es lohnt sich, man kann
beim Kochen schon 2 Gläser Champagner
trinken, und das Gericht ist leicht und
dennoch geschmackvoll.
Viel Vergnügen beim Kochen und
Verspeisen wünscht
Andreas Schmidt

Gabriele Schnaut
Mezzosopran & Sopran

Wundersuppe
– um schnell das Gewicht etwas auszugleichen:

1	Weißkohl
1	Bund Staudensellerie
4	mittelgroße Zwiebeln
1	Bund frische Möhren
2	Paprika (rot/grün)
1	große Dose geschälte Tomaten
	Salz oder gekörnte Brühe
	Pfeffer
	Kümmel
	Wacholderbeeren

Die Zutaten werden geschnitten, in einen großen Topf gegeben und mit Wasser bedeckt. Das Ganze wird zum Kochen gebracht, das Gemüse sollte nicht zu weich werden. Mit den Gewürzen nach Gusto abschmecken.

An einem Diättag, an dem ausschließlich diese Suppe gegessen wird (so viel man will), sollte man mit Salz oder gekörnter Brühe vorsichtig umgehen und eher Wacholderbeeren zum Entwässern des Körpers dazugeben.
Diese Suppe lässt sich auch portionsweise einfrieren, sodass man immer, langsam aufgetaut, eine Diäthilfe zur Verfügung hat.

Wundersuppe

um schnell das Gewicht etwas
auszugleichen :

1 Weißkohl
1 Bund Staudensellerie
4 mittelgroße Zwiebeln
1 Bund frische Möhren
2 Paprika (rot/grün)
1 große Dose geschälte Tomaten
Salz oder gekörnte Brühe, Pfeffer, Kümmel,
Wacholderbeeren

Die Zutaten werden geschnitten in einen
großen Topf gegeben und mit Wasser bedeckt.
Das Ganze wird zum Kochen gebracht, das
Gemüse sollte nicht zu weich werden.
Mit den Gewürzen nach Gusto abschmecken.

Bei einem Diättag, an dem ausschließlich diese
Suppe gegessen wird (soviel man will), sollte
man mit Salz oder gekörnter Brühe vorsichtig umgehen
und eher Wacholderbeeren zum Entwässern des
Körpers dazugeben.
Diese Suppe läßt sich auch portionsweise einfrieren,
sodaß man immer, langsam aufgetaut, eine
Diäthilfe zur Verfügung hat.

Neil Shicoff
Tenor

Ein großes Dankeschön an meine Schwester Shelly, die sich an dieses wundervolle Rezept erinnert hat, das von unserer geliebten Mutter an sie weitergereicht wurde.

Honigkuchen

450 g	Honig
2 EL	Öl
4	Eier
1 Tasse	Zucker
1 Tasse	starker Kaffee
1 TL	Backsoda
3 Tassen	Weizenmehl
2 TL	Backpulver
1 TL	Allspice/Piment

Den Honig in einem Topf aufkochen und abkühlen lassen. 2 EL Öl in den Honig geben. Die 4 Eier in einer Schüssel aufschlagen. Allmählich Zucker zugeben und anschließend die Honigmasse in die Eiercreme rühren. In einer Tasse mit Kaffee wird 1 TL Backsoda aufgelöst und dann mit der Creme vermengt. In eine Schüssel wird Mehl mit Backpulver und Piment gesiebt. Unter ständigem Rühren zu der Ei-Honig-Masse geben und rühren, bis der Teig glatt ist. In eingefetteten Kastenformen bei 175 Grad 1 Stunde lang backen. Auf alle Fälle zwei Kastenformen benutzen!

Thanks to my sister Shelly for remembering this wonderful recipe handed down to her by our beloved mother.

Honey Cake

Bring 1 pound of honey to a boil, then cook it.
Add 2 tablespoons of oil.
Beat 4 eggs until light and thick.
Stir in 1 cup of sugar gradually.
Add the honey mixture.
Dissolve 1 teaspoon of baking soda in 1 cup of strong coffee and add it to the mixture.
Sift 3 cups of cake flour with 2 teaspoons of baking powder, 1 teaspoon of allspice. Add to the batter gradually and beat until smooth.
Bake in a greased loaf tin in a moderate oven, 350° F for one 1 hour. use 2 pans!

BHF-Bank, Berlin · BLZ 100 202 00 · Konto-Nr. 70 002 050 · VAT-ID Nr.: DE 81 1188902
Intercontinental Hotels Betriebsgesellschaft m.b.H. · Sitz Frankfurt/M. · HRB 11262 · Geschäftsführer: Graham Cowie, Heinz Nixdorf, Udo Weiland

Budapester Str. 2 · 10787 Berlin · Telefon: (030) 26 02-0 · Telefax: (030) 26 02-26 00
Internet http://www.interconti.com/interconti/

Hans Sotin
Bass

Ochsenschwanz à la „Gurnemant"

Für 4 Personen:

2 kg	Ochsenschwanz
1 TL	Thymian, getrocknet
1 TL	Rosmarin, getrocknet
6 EL	Olivenöl
2	Zwiebeln
6	oder mehr Knoblauchzehen
1	Pfefferschote, getrocknet
1	Flasche Rotwein (kräftiger Rioja)
	Rindfleischfond oder Brühe
1 EL	Tomatenmark
	Salz
	Pfeffer

Das Fleisch gründlich waschen, dann trocken tupfen. In den getrockneten Kräutern wälzen und in Olivenöl kräftig anbraten und rundherum bräunen (eventuell portioniert braten, da die Bräter meist zu klein sind). Dann die gestückelten Zwiebeln, die Knoblauchzehen und die Pfefferschote mit anschmoren und mit Rotwein löschen. Die Fleischbrühe zugeben (ca. 1/2 l). Das Ganze 5 Stunden (!) bei kleinster Hitze köcheln. Das Fleisch muss immer von Flüssigkeit bedeckt sein. Nach Ablauf von 5 Stunden sollte sich das Fleisch sehr gut vom Knochen lösen lassen. Die Sauce mit Tomatenmark binden und mit Salz und Pfeffer abschmecken.

Als Beilage: Pappardelle
Getränk: Rioja oder Bier, zur Not auch Wasser

Guten Appetit!

Ochsenschwanz
à la Gurnemanz

Zutaten für 4 Personen
2 Kg Ochsenschwanz
1 Fl. Rotwein (kräftiger Rioja)
2 Zwiebeln
6 oder mehr Knoblauchzehen
Olivenöl
Thymian
Rosmarin
1 getr. Pfefferschote
Tomatenmark
Salz
Pfeffer
Rindfleischfond oder Brühe

Das Fleisch gründlich waschen, dann trocken tupfen. In den getrockneten Kräutern und in Olivenöl kräftig anbraten und richtig bräunen (eventuell portioniert braten, da Bräter meist zu klein). Dann die gestückelten Zwiebeln und die Pfefferschote mit anschmoren und mit Rotwein löschen. Die Fleischbrühe zugeben (ca 1/2 l). Das Ganze 5 Std! bei kleiner Hitze köcheln. Das Fleisch muß immer von Flüssigkeit bedeckt sein. Nach den 5 Std sollte das Fleisch sehr gut vom Knochen sich lösen.

Die Sauce mit ca 1 EL Tomatenmark binden und mit Salz abschmecken

Als Beilage: Parpadelle

Getränk : Rioja oder Bier

zur Not auch Wasser

Guten Appetit

Mai 1999

Falk Struckmann

Bariton

Zwiebelkuchen

Für 4 Personen:

Für den Teig:

100 g	Schmalz
300 g	Mehl
1	Prise Salz
ca. 1/8 l	Wasser

Für den Belag:

1250 g	Zwiebeln
60 g	Butter
3 EL	Mehl
250 ml	saure Sahne
4	Eier
	Salz
	Pfeffer
100 g	Rinderspeck
	Butterflöckle

Für den Boden Schmalz schaumig rühren, die übrigen Zutaten dazugeben, einen Teig kneten. Den Boden einer Form mit einem Durchmesser von 32 Zentimetern damit belegen. Für den Belag die Zwiebeln schälen, halbieren und in halbe Ringe schneiden. Die Zwiebelstücke in 60 g Butter dämpfen. Mehl, Sahne und die verquirlten Eier in einer Schüssel mischen und nach Geschmack salzen und pfeffern. Die abgekühlten Zwiebeln auf dem Teig verteilen und mit der Sahne-Eier-Mischung gleichmäßig übergießen. Mit dem klein geschnittenen Rinderspeck bestreuen. Butterflöckle darauf verteilen. Den Zwiebelkuchen bei 180 Grad 40-50 Minuten backen.

perrier Tipps: Eine würzige Note bekommt der Zwiebelkuchen durch Zugabe von 1 TL Kümmel. Zum Zwiebelkuchen reichen Sie am besten einen neuen Wein aus der Pfalz.

Zwiebelkuchen

Teig: 300 g Mehl, 100 g Schmalz, 1 Prise
Salz, ca. 1/8 l Wasser.

Belag: 2 1/2 Pfund geschnittene Zwiebel
in 60 g Butter dämpfen, 3 Eß-
löffel Mehl, 4 Eier, Salz, Pfeffer,
1/4 l saure Sahne darunter rühren.

Für den Boden, Schmalz schaumig rühren,
die übrigen Zutaten dazu, einen Teig
kneten, ein Blech 32 cm Ø damit belegen.
Den Belag darauf, 100 g geschnittenen Rinderspeck darüber verteilen, dazwischen
Butter flöckle.
Bei 180° 40-50 min. backen.

Shrimp Creole

Für 4 Personen:

1/4 Tasse	gehackte Zwiebeln
1	grüne Paprika, gewürfelt
2 Stangen	Sellerie, geschnitten
5	Knoblauchzehen, gehackt
3 EL	Butter, geschmolzen
3 EL	Mehl
1/4 TL	Salz
2 TL	Chili-Pulver
1 TL	Tabasco-Sauce
4	Lorbeerblätter
	Petersilie
1/2 Tasse	Wasser
1 Dose	Tomaten
1 Dose	Tomatensaft
1 1/2-3 EL	Zucker
1 kg	rohe Garnelen
	gekochter Reis

Das Gemüse in einer Pfanne in Butter andünsten, bis es weich ist. Das Mehl einrühren, anschließend alle anderen Zutaten – außer den Garnelen und dem Reis! – hinzugeben und unter ständigem Rühren zum Kochen bringen. Die Temperatur reduzieren und noch 15 Minuten köcheln lassen. Die Garnelen hinzugeben und nochmals 20 Minuten köcheln lassen. Mit Reis servieren.

Enjoy!

perrier Tipp: Zu diesem Gericht können Sie statt Reis auch frisches Weißbrot reichen. Als Getränk: ein gut gekühlter kalifornischer Chardonnay.

Shrimp Creole

1/4 cup chopped onions
1 green pepper, diced
2 stalks celery, chopped
5 cloves garlic, chopped
3 Tablespoons butter, melted
3 Tablespoons flour
1/4 teaspoon salt
2 teaspoons chili powder
1 teaspoon Tabasco sauce

4 bay leaves
Parsley
1/2 cup water
1 can tomatoes
1 can tomatoe sauce
2 pounds raw shrimp
1 1/2 - 3 Tablespoons sugar

Saute vegetables in butter until tender.
Blend in flour; add remaining ingredients
except shrimp and bring to a boil,
stir constantly. Reduce heat and
simmer for 15 minutes. Add shrimp
and simmer for 20 more minutes.
Serve with rice.

Enjoy -
Sharon Smith

Günter von Kannen
Bassbariton

Sehnsucht nach heimischen Kochtöpfen

Kaninchenragout nicht nur für Sänger

Für 4 Personen:

1	Hauskaninchen, ca. 1,5 kg
	Salz
	Pfeffer
60 g	Butterschmalz
ca. 3/8 l	klare Brühe
50 g	Frühstücks- speck, gewürfelt
250 g	gewürfelte Schalotten
2	Möhren
1 Stange	Lauch, in 1 cm dicke Scheiben geschnitten
1 Sträußchen	frischen Thymian
2	eingelegte Backpflaumen, kernlos
1 Scheibe	zerbröseltes Vollkornbrot
2 TL	Crème fraîche

Marinade:

1 Flasche	Pinot Noir, Alsace
8	Pfefferkörner
8	Wacholderbeeren
100 g	Schalotten in Scheiben
1	Lorbeerblatt

Kaninchen ohne Kopf und Innereien in 6-8 Stücke schneiden, Fettreste entfernen, in eine Schüssel schichten. Alle Zutaten für die Marinade kurz aufkochen lassen und über die Kaninchenteile gießen. Schüssel zudecken und für 24 Stunden kühl durchziehen lassen.

Kaninchen herausnehmen, trocken tupfen, salzen und pfeffern, Marinade durch ein Sieb seihen. Lorbeerblatt und Wacholderbeeren wegwerfen, Schalotten beiseite stellen. Pfanne mit ca. 30 g Butterschmalz erhitzen und Kaninchen von allen Seiten ca. 10 Minuten gut anbraten. Danach mit ca. 1/8 l klarer Brühe und etwa der gleichen Menge Marinade ablöschen und bei geschlossenem Deckel eine halbe Stunde bei milder Hitze schmurgeln lassen.

Nach 20 Minuten eine große Pfanne erhitzen, Frühstücksspeck ausbraten und eventuell 20-30 g Butterschmalz hinzufügen, nach ca. 3 Minuten Schalotten beigeben, goldgelb werden lassen, Möhren, Lauch, Thymian und die marinierten Schalottenscheiben zufügen, nach wenigen Minuten Hitze reduzieren, Backpflaumen und Vollkornbrot unterrühren, mit je 1/8 l Brühe und Marinade bei geschlossenem Deckel leicht schmurgeln lassen.

Jetzt Kaninchenfleisch von dem Knochen lösen, in mundgerechte Stücke schneiden. Fleisch und Kaninchensauce zu den übrigen Zutaten geben, noch 20 Minuten schmurgeln lassen. Thymian herausnehmen. Nach Bedarf salzen und pfeffern.

Nach individuellem Geschmack noch Brühe und Marinade zufügen. Vor dem Servieren 2 TL Crème fraîche unterrühren.

Das Kaninchen schmeckt am besten mit Baguette oder Tagliatelle.

Dann zum Wohl mit einem kühlen Pinot Noir, Alsace.

14.2.98

Sehnsucht nach heimischen Kochtöpfen
Kaninchenragout nicht nur für Sänger

Zutaten:

1 Hauskaninchen, ca. 1,5 kg

50 g Frühstücksspeck, gewürfelt

250 g gewürfelte Schalotten

1 Stange Lauch, geschnitten 1cm

1 Scheibe zerbröseltes Vollkornbrot

8 eingelegte Bach= pflaumen, kernlos

1 Sträußchen frischer Thymian

ca. 3/8 l klare Brühe

Salz, Pfeffer

2 TL Crème fraiche

60 g Butterschmalz

Marinade:

1 Flasche Pinot Noir, Alsace

8 Pfefferkörner

8 Wacholderbeeren

100 g Schalotten in Scheiben

1 Lorbeerblatt

Kaninchen ohne Kopf und zugehörien in 6-8 Stücke schneiden, Fettreste entfernen, in eine Schüssel schichten. Marinade kurz aufkochen und über Kaninchen gießen. Schüssel zudecken und für 24 Stunden kühl durchziehen lassen.
Kaninchen herausnehmen, trocken tupfen, salzen und pfeffern, Marinade durch= ziehen. Lorbeerblatt und Wacholderbeeren wegwerfen. Pfanne mit Butterschmalz, ca. 30 g erhitzen und Kaninchen von allen Seiten ca. 10 Minuten gut anbraten. Danach mit ca. 1/8 l klare Brühe und etwas der gleichen Menge Marinade ab= löschen, und bei geschlossenem Deckel eine halbe Stunde bei milder Hitze schmoren lassen.
Nach 20 Minuten große Pfanne erhitzen, Frühstücksspeck ausbraten und 20-30 g Butterschmalz hinzufügen, nach ca. 3 Min. Zwiebeln beigeben, goldgelb werden lassen, Möhren, Lauch, die man= chmal Zwiebelscheiben zufügen, nach wenigen Minuten Hitze reduzieren, Bach= pflaumen und Vollkornbrot unterrühren, mit je 1/8 l Brühe und Marinade bei ge= schlossenem Deckel leicht schmoren lassen. Jetzt Kaninchen von den Knochen lösen, in munde gere große Stücke schneiden, Fleisch und Kaninchen= sauce zu den übrigen Zutaten geben, noch 20 Minuten schmoren + Thymian heraus= nehmen, nach Bedarf salzen und pfeffern. Nach individuellem Geschmack noch Brühe und Marinade zufügen. Vor dem Ser= vieren 2 TL Crème fraiche unterrühren. Schmeckt am besten mit Baguette oder Tagliatelle.
Dann zum Wohl mit einem kühlen Pinot Noir, Alsace

[Unterschrift]

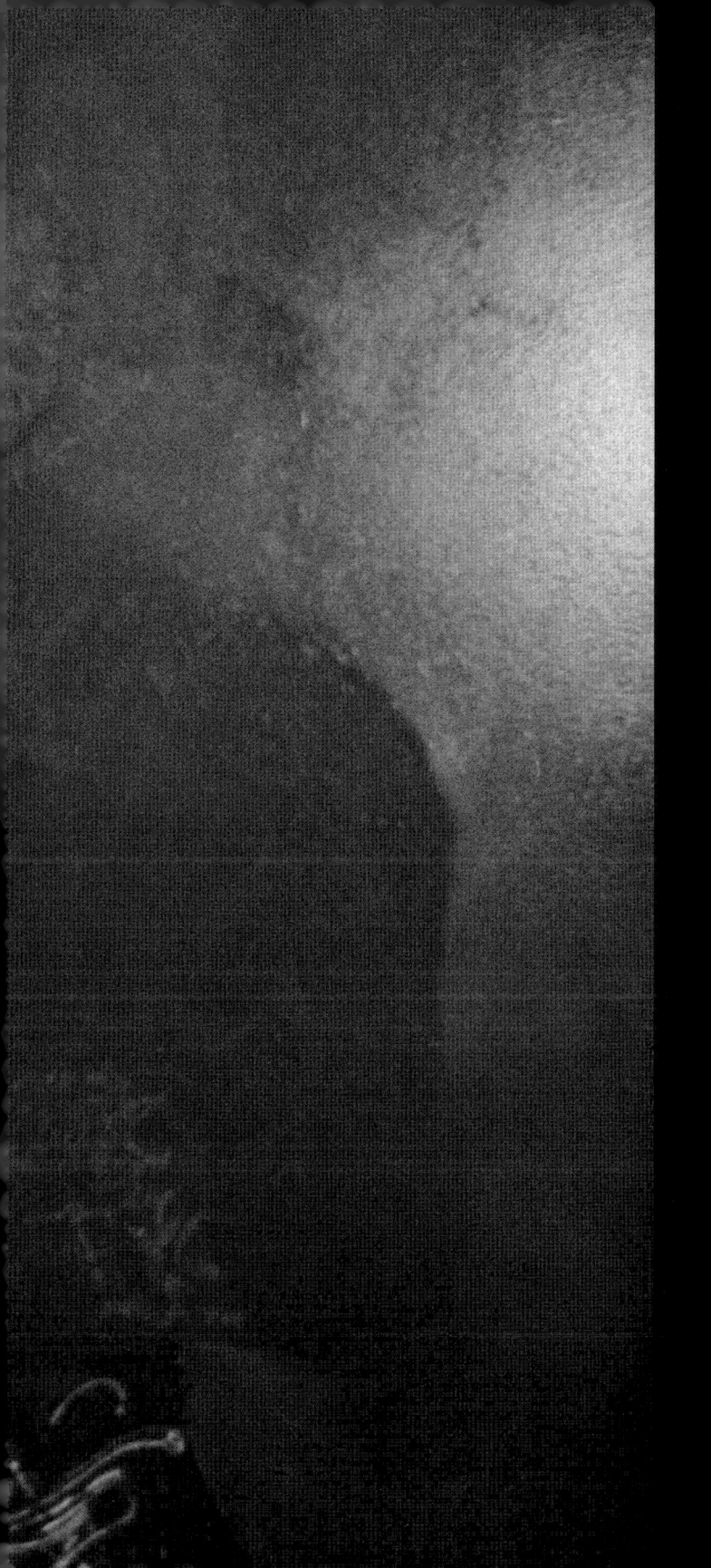

Bernd Weikl
Bariton

Mein lieber Theo,

also am besten, du fährst erst einmal in die Berge. Dann mietest du dich in einer alten Mühle am reißenden Gebirgsbach ein und fragst die hübsche, frisch verwitwete Gebirgsbachmühlenwirtin, ob du in ihrem klaren Fischwasser fischen darfst. Gleich angelst du dir mit deiner Rute vier nicht zu große Regenbogenforellen aus dem kühlen Nass heraus.

Da du dir die Küchenschlüssel aus dem winzigen Schürzchen der Gebirgsbachmühlenwirtin erbitten willst, pflückst du ihr auch noch schnell ein paar Edelweiß. Zurück in der Mühle wirfst du deinen Hut an den Haken und reichst deiner Gastgeberin das Sträußchen. Du küsst sie galant auf alle ihre Wangen und lässt dir

1	Zitrone
	Saft einer ganzen Zitrone
	Salz und Pfeffer (zum Würzen)
1/2 Tasse	Mehl
1/2 Stück	Butter (125 g)
1/2 Tasse	Mandelsplitter
1/2 Tasse	trockenen Rotwein
1 TL	Stärkemehl (Maizena)
1 EL	Wasser aus dem klaren Gebirgsbach und
2 EL	frische Petersilie

geben!

Dann sagst du der Eva – alle Mühlenwirtinnen an reißenden Gebirgsbächen heißen Eva –, also, dann sagst du der Gebirgsbachmühleneva, sie soll dich einen Augenblick endlich in Ruhe und die Forellen machen lassen. Es würde ja auch nicht allzu lange dauern. Und sie solle stattdessen eine größere Pfanne vorheizen.

Ja, und auch im Morgenmantel! So was Blödes!

Jetzt nimmst du die Forellen aus. Aber das muss ich doch hoffentlich einem der weltbesten HNOs nicht erklären, wie das geht, oder? Diesmal nicht vom Kopf her, nein, vom Bauch! Mein Gott aber auch!!! Dann wendest du die Fische im Zitronensaft und gibst der Katze von Eva, dem Gebirgsbachmühlenkater, alles dies, was du sonst bei dir zu Hause in die Biotonne wirfst. So, und jetzt hast du die ausgenommenen Forellen im Zitronensaft gebadet, mit Salz und Pfeffer eingerieben und dann so richtig im Mehl gewälzt.

In der Zwischenzeit ist die Pfanne heiß geworden – innen auf dem Pfannenboden natürlich – und du lässt 3 Löffel Butter darin zergehen.

Jetzt die Forellen hinein und auf beiden Seiten gut anbräunen lassen – weißt du – so wie auf diesen Sandwichsonnenbänken oder auf Mallorca.

Währenddessen werden die Mandelsplitter in einem zweiten Pfännchen und im Rest der ebenfalls zerlassenen Butter gebräunt und dann zur Seite gestellt.

Wenn endlich die Fische so aussehen, à la Gebirgsbachmeunière, legst du sie artig auf eine Servierplatte. Handelt es sich um deutsche Forellen, so nimmst du ein Millimetermaß und Senkblei, richtest dir die Tiere damit in liegender Hab-Acht-Stellung aus und stellst das Ganze warm.

Sofort schüttest du den Rotwein vorsichtig in die Pfanne, in welcher vorher die Forellen waren. Doch, doch! In diese Pfanne, und erzähl mir doch nicht schon wieder, dass es dir um den Wein leid tut! Du lässt diesen Pfanneninhalt auf etwa 1/3 herunterkochen. In der Zwischenzeit verrührst du das Maizena mit dem Löffel voll reißendem Gebirgsbachwasser. Gut umrühren! Alles in die Pfanne und dann mit Liebe über die hilflosen Forellen gießen.

Jetzt ab mit der ganzen Platte in die vorgeheizte Backröhre. Dort wird glasiert. 1 Minute etwa. Heraus aus dem Backrohr. Schnell noch etwas Petersilie auf die Viecher. Zitronen scheibeln. Und dann klopfst du an die Schlafzimmertür. Ich sage es immer wieder. Beim Kochen soll man keinen Rotwein trinken!!!
Dein Bernd

Mein lieber Theo,

also, am besten du fährst erst einmal in die Berge. Dann mietest du dich in einer alten Mühle am reißenden Gebirgsbach ein und fragst die hübsche, zart verwitterte Gebirgsbach-müllenwirtin, ob du in ihrem klaren Fischwasser fischen darfst. Gleich angelst du dir mit deiner Rute vier nicht zu große Regenbogenforellen aus dem kühlen Naß heraus.

Da du dir die Küchenschlüssel aus dem winzigen Schürzchen des Gebirgsbachmüllenwirtin erbitten willst, plünderst du ihr auch noch schnell ein paar Edelweiß. Zurück in der Mühle wirfst du deinen Hut an den Haken und reichst deiner Gastgeberin das Sträußchen. Du küßt sie galant auf alle ihre Wangen und läßt dir

1 Zitrone
+ den Saft einer ganzen Zitrone
Salz + Pfeffer (zum Würzen)
½ Tasse Mehl
½ Stück Butter
½ Tasse Mandelsplitter
½ Tasse trockenen Rotwein
1 Teelöffel Stärkemehl
   (Maizena!)

1 Löffel Wasser aus dem klaren Gebirgsbach und
2 Löffel frische Petersilie

geben!

Dann sagst du der Eva – alle Mühlenwirtinnen an reißenden Gebirgsbächen heißen Eva – also, dann sagst du der Gebirgsbach-mülleneva, sie soll dich einen Augenblick endlich in Ruhe und die Forellen machen lassen. Es würde ja auch nicht allzu lange dauern. Und sie solle stattdessen eine größere Pfanne vorheizen... Ja, und auch im Morgenmantel! So was Blödes!

jetzt nimmst du die Forellen aus. Aber das muß ich doch hoffentlich einem der weltbesten HNO's nicht erklären, wie das geht, oder? Diesmal nicht vom Kopf her, nein, vom Bauch! Mein Gott aber auch...!!

Dann wendest du die Fische in Zitronensaft und gibst der Katze von Eva, dem Gebirgsbachmüllenkater, alles das, was du sonst bei dir zuhause in die Biotonne wirfst. So, und jetzt hast du die ausgenommenen Forellen im Zitronensaft gebadet, mit Salz + Pfeffer eingerieben und dann so richtig im Mehl gewälzt.

In der Zwischenzeit ist die Pfanne heiß geworden – innen auf dem Pfannenboden natürlich – und du läßt 3 Löffel Butter darin zergehen. Jetzt die Forellen hinein und auf beiden Seiten gut anbräunen lassen – weißt du – so wie du auf diesen Sandwich sonnentünchen oder auf Mallorca... Während dessen werden die Mandelsplitter in einem zweiten heißen Pfännchen und im Rest der Butter, die ebenfalls zerlassen, gebräunt und dann für Seite gestellt. Wenn endlich die Fische so aussehen, wie à la Gebirgsbachmeunière legst du sie artig auf eine Servierplatte. Handelt es sich um deutsche Forellen, so nimmst du ein Millimetermaß und ein Senkblei, richtest die Tiere damit in liegender Nacht-Acht-Stellung aus und stellst das Ganze warm.

Sofort schüttest du den Rotwein vorsichtig in die Pfanne, in welcher vorher die Forellen waren.

Doch, doch! In diese Pfanne und erzähl mir doch nicht schon wieder, daß es dir um den Wein leid tut! – Du läßt diesen Pfanneninhalt auf etwa ⅓ herunterkochen. In der Zwischenzeit verrührst du das Maizena mit dem Löffel voll reißendem Gebirgsbachwasser. Gut umrühren! Alles in die Pfanne und dann mit Liebe über die lütten Forellen.

Jetzt ab mit der ganzen Platte in die vorgeheizte Backröhre. Dort wird glaziert. Eine Minute etwa.

Raus aus dem Ofen oder Backröhre. Schnell noch etwas sonnig Petersilie auf die

Viecher. Zitronenscheibeln. Und dann klopfst du an die Schlafzimmertür. Ich sage es immer wieder. Beim Kochen soll man kein Rotwein trinken!!

Dein Bernd

Gösta Winbergh
Tenor

Schwedische Krebse

Für 4 Personen:

2 l	Wasser
75 g	grobes Salz
1-2	Zuckerwürfel
1	gelbe Zwiebel
4-5	frische Dillkronen
1 Kilo	Krebse (schwedische Flusskrebse)

In 10 Minuten aus allen diesen Zutaten (außer den Krebsen) einen Sud kochen. Danach legt man die lebenden Krebse in das kochende Wasser und den Deckel des Topfes darauf. Dann kocht man sie ca. 3 Minuten.
Die Krebse im Sud abkühlen lassen und über Nacht kalt stellen. Die Krebse werden erst dann serviert, wenn sie völlig abgekühlt sind.

Die Krebse werden mit geröstetem Weißbrot und einem kräftigen Käse serviert.

Dazu: viel Schnaps und Bier und fröhliche schwedische Lieder!

Gösta Winbergh   Stockholm 5-5-98

SVENSKA KRÄFTOR

För   1 kilo kräftor (svenska Flod eller
                        svenska signal)

2 L Vatten.
0,75 deceliter grovt SALT.
1-2 Sockerbitar
1 gul Lök
1 deceliter bitter Portar (bärr).
4-5 Knoppar Kron dill
_____

Koka upp Lagen och Låt koka 10 min
Lägg ned de levande kräftorna
i vattnet. Lock på och sedan
Koka ca 3 min, Låt kräftorna
Ligga kvar i Lagen och svalna.
Sedan 1 dygn i kyl eller
över natten.

    Kräftorna skall ätas kalla tillsammans
med tostad bröd stark ost.
Snaps + öl
och snapps visor   Hälsning Gösta.

Ingvar Wixell
Bariton

Steinbutt à la Wixell

Für 4 Personen:

1-1,5 kg Steinbutt
gesalzene Butter
frischer Meerrettich

Lege den ganzen Fisch – wichtig ist, dass Kopf und Flossen dran sind – ca. eine halbe Stunde in gesalzenes Wasser. Heize den Herd auf 110 Grad vor. Nimm ein Ofengitter und lege Alufolie darauf. Trockne den Fisch gut mit Haushaltspapier ab und lege ihn dann mit der dunklen Seite nach oben auf die Folie. Dann für ca. 1 Stunde rein in den Ofen.

Dann vorsichtig so viel Butter, wie man will, schmelzen, sie soll nicht braun werden, und den frischen Meerrettich reiben.

Am einfachsten ist der Fisch zu filetieren, wenn man die dunkle Haut mit einer Schere aufschneidet. Lege das Fischfilet auf einen Teller, streue Meerrettich darauf und gieße die geschmolzene Butter darüber. Serviere den Fisch mit gekochten Kartoffeln.

Perrier Tipps: Weißer Spargel, in einem Sud von Wasser, Salz, Zucker und Butter 15 Minuten gegart, passt mit Kartoffeln als Beilage hervorragend zum Fisch.

Schenken Sie einen feinen, vollen, trockenen Weißwein, z.B. Meursault oder auch Frankenwein, reifen Rheingauer, Mosel-, Nahe-Spätlese oder -Auslese (nicht trocken) zu diesem Gericht aus.

1 PIGGVAR 1-1,5 KG
SALTAT SMÖR
FÄRSK PEPPARROT

LÄGG HELA FISKEN, VIKTIGT ÄR ATT
HUVUD OCH FENOR ÄR KVAR, EN
HALVTIMME I SALTAT VATTEN.
SÄTT UGNEN PÅ 110° GRADER.
TORKA VÄL AV FISKEN MED HUSHÅLLS-
PAPPER.
TA EN LÅNGPANNA MED GALLER OCH
LÄGG UTALUFOLIE PÅ GALLRET OCH
SEN FISKEN DÄRPÅ MED MÖRKA
SIDAN UPPÅT.
SÄTT IN I UGNEN C:A 1 TIM.
SMÄLT SALTAT SMÖR, SÅ MYCKET MAN
TROR SIG BEHÖVA OCH RIV FÄRSK
PEPPARROT.
LÄTTAST ATT FILEA FISKEN ÄR ATT
KLIPPA UPP DET MÖRKA SKINNET.
LÄGG FILEN PÅ TALLRIK, STRÖ
PEPPARROT ÖVER SMÄLT SMÖR.
SERVERA KOKT POTATIS TILL.

Nicht nur die Opernstars von heute haben ihre Lieblingsgerichte. Auch Gioacchino Rossini, der 1792 in Pesaro geborene Komponist, schwärmte für seine geliebten italienischen Maccheroni. Als er fern von der Heimat in Paris weilte, schien er nichts schmerzlicher zu vermissen als diese Pastasorte, wie aus einem Brief an seinen in Neapel lebenden Freund Florimo hervorgeht.

Rossini bat Florimo, ihm ein Paket Maccheroni nach Paris zu schicken. Nach einer langen Wartezeit schreibt ihm Rossini, dass er immer noch nichts erhalten habe und dass er sich ohne die ersehnte Pasta zunehmend desolater fühle. Der Unterschrift fügt er bezeichnenderweise den Zusatz „senza Macheroni!!!!" (ohne Maccheroni) hinzu.

Sollten die Maccheroni doch noch angekommen sein, hat Rossini sie vielleicht auf nebenstehende Art verspeist.

Gioacchino Rossini
Komponist

Maccheroni mit Broccoli, Speck und Parmesan

Für 4 Personen:

300 g	Broccoli
1	Zwiebel
150 g	durchwachsener Speck
2 EL	Olivenöl
350 g	Maccheroni
125 g	Sahne
80 g	geriebener Parmesan

Broccoli in Röschen 6 Minuten in Salzwasser blanchieren, abgießen und kalt abschrecken. Zwiebel schälen und fein hacken, Speck fein würfeln. In einer Pfanne Speck mit Olivenöl auslassen, Zwiebel dazugeben und glasig dünsten. Broccoli hinzufügen. Maccheroni in 4 l Salzwasser bissfest garen, abtropfen lassen. In einem zweiten Topf Sahne erhitzen, die Hälfte des Parmesans unterrühren, mit der Pasta mischen. Broccolimischung darüber geben, abschmecken, mit Parmesan bestreuen.

Perrier Tipp: : Für eine leichtere Variante des Gerichts ersetzen Sie den Speck durch Parmaschinken und nehmen Pecorino statt Parmesan.

Pregiatissimo Collega e amico Carissimo

mi correva debito riscontrare il vostro
gentilissimo foglio prima d'ora, per un tempo la mal
ferma mia salute m'impedì di farlo, per un sentimento di
cumulo volli attendere l'arrivo degli annunziatemi
macheroni, e ciò per non dervi a più riprese la pena di
leggermi, Disgraziatamente questi macheroni non sono
mai giunti, ve ne scrivo affine inviate verso il vostro
Spedizionere di napoli quelle pratiche che crederete
utili per giungere a conoscere cosa sia accaduto!!!
Il Conte S. Russo mandò il suo Progetto a S. Pietroburga
e il vostro nome si trova in fronte di questo, appena sa-
premo qualche particolare ve ne scriverò, ciò per noi
due cosa risentutissima!!!
Io sono oltremodo dorato per quanto mi dite della esecuzione
del machino mio Odalutany, se non vi piaquesarà niente
degli arrivi che ringrazio e Benedico. Voglio essere ricordato
al mio buon amico Conti, ditele che io gli rendo con usura l'affetto
ch'egli mi porta.
Addio mio buon Florimo, non mi risparmiate nelle vostre grafieta
e piacciami credere ognora che nessuno vi è più affezionato di
me che gli si riverisce

G. Rossini
Senza Macheroni !!!!

Parigi 4 marzo 1859.
2 Rue de la Chaussée d'antin

FRUCHTIGE COCKTAILS MIT MINERALWASSER – EIN PRICKELNDES ERLEBNIS

Sie haben Gäste und möchten ihnen vor dem Essen noch etwas Besonderes anbieten? Einen Augen- und Gaumenschmaus, der appetit-anregend, erfrischend und noch dazu schnell vorzubereiten ist?
In diesem Fall sind Mineralwassercocktails ideal!
Die fruchtig-prickelnden Mixgetränke sind leichter und schmecken fri-scher als ihre kalorienhaltigeren Pendants. Und von den vielen alko-holfreien Varianten der „Frische-Drinks" können Sie sich ruhig ein Gläschen mehr gönnen.
Cin Cin!

Perrier Power

4 cl	Bananennektar
2 cl	Grenadinesirup
4 cl	Silvetta trübe Zitronenlimonade
4 cl	Perrier

Dekoration:
Bananenscheiben, Cocktailkirschen, Cocktailspieß

Den Bananennektar und die Grenadine mit 4 Eiswürfeln in einen Shaker geben, kräftig schütteln und in ein Longdrinkglas abseihen. Mit der Limonade und Perrier auffüllen. Bananenscheiben und Cocktail-kirschen abwechselnd auf den Cocktailspieß stecken.

Cai-PER-inha

1	frische Limette
2 EL	weißer zerstoßener Rohrzucker
2 cl	Lime-Juice
4 cl	Perrier

Dekoration:

Limonenscheibe, Zitronenmelisse-Zweig

Die Limette sorgfältig waschen und achteln. In ein Glas geben und mit dem Zucker bestreuen, anschließend in einem Mörser kräftig zerdrücken. 4 Eiswürfel und den Lime-Juice hinzugeben, zum Schluss mit Perrier auffüllen und umrühren.

Tabaluga

3 cl	Maracujasirup
6 cl	Orangensaft
3 cl	Lime-Juice
1 cl	Erdbeersirup
8 cl	Perrier

Dekoration:

Honigmelonen-Ecke, Cocktailkirsche, Cocktailspieß

Maracujasirup, Orangensaft, Lime-Juice und 4 Eiswürfel in einen Shaker geben, kräftig schütteln und in ein Longdrinkglas abseihen. Mit Perrier auffüllen. Erst jetzt den Erdbeersirup dem fertigen Getränk zugeben, er setzt sich am Glasboden ab. Den Sirup vorsichtig mit einem Rührstäbchen oder Barlöffel aufquirlen, sodass der Drink unten rötlich wird und oben noch gelb bleibt. Aus einer Honigmelone eine Ecke herausschneiden, diese bis zur Hälfte einschneiden und auf den Glasrand stecken. Cocktailkirsche mit einem Cocktailspieß an der Melonenscheibe befestigen.

Pink Panther

2cl	Grenadinesirup
2 cl	Kokossirup
5 cl	Grapefruitsaft
2 cl	Zitronensaft
10 cl	Perrier

Dekoration:
Baby-Ananas, Cocktailkirsche, Zitronenmelisse-Zweig, Cocktailspieß

Zutaten (bis auf das Mineralwasser) mit 4 Eiswürfeln in einen Shaker geben, kräftig schütteln und in ein Longdrinkglas abseihen. Mit Perrier auffüllen. Aus der Baby-Ananas von unten nach oben eine Ecke herausschneiden, diese bis zur Hälfte einschneiden und auf den Glasrand stecken. Die Cocktailkirsche mit einem Cocktailspieß an der Ananasscheibe befestigen. Einen Zitronenmelisse-Zweig über das Glas legen.

Fruity Water

2 cl	Apricot Brandy
2 cl	Litschilikör
4 cl	Pfirsichsaft
4 cl	Maracujasaft
10 cl	Perrier

Dekoration:
Baby-Ananas, Litschi, Cocktailspieß

Zutaten (bis auf das Mineralwasser) mit 4 Eiswürfeln in einen Shaker geben, kräftig schütteln und in ein Longdrinkglas abseihen. Mit Perrier auffüllen. Aus der Baby-Ananas von unten nach oben eine Ecke herausschneiden, diese bis zur Hälfte einschneiden und auf den Glasrand stecken. Die Schale der Litschi fast ganz aufschneiden und mit einem Cocktailspieß unterhalb der Blätter an der Ananas befestigen.

Swinging Kermit

3 cl	Pfirsichlikör
3 cl	Blue Curaçao
4 cl	Orangensaft
3 cl	Zitronensaft
8 cl	Perrier

Dekoration

Orangenecke, Weingummi-Frosch, Cocktailspieß

Zutaten (bis auf das Mineralwasser) mit 4 Eiswürfeln in einen Shaker geben, kräftig schütteln und in ein Longdrinkglas abseihen. Mit Perrier auffüllen. Die Orangenecke bis zur Hälfte einschneiden und auf den Glasrand stecken. Den Weingummi-Frosch mit dem Cocktailspieß an der Orangenecke befestigen.

Fancy Fruits

1 cl	Himbeersirup
2 cl	roter Traubensaft
2 cl	Orangensaft
4 cl	Perrier

Dekoration:

Himbeeren, Orangenscheiben, Cocktailspieß

Himbeersirup, roten Traubensaft und Orangensaft mit 4 Eiswürfeln in einen Shaker geben, kräftig schütteln und in ein Longdrinkglas abseihen. Mit Perrier auffüllen. Orangenscheiben und Himbeeren abwechselnd auf den Cocktailspieß stecken.

Opernstars von A-Z

Ingvar Wixell (links) und
Gösta Winbergh

Rezepte von A-Z

Herausgeber: Blaue Quellen AG, Nestlé Watergroup
Verlag: COMPANIONS GmbH, Rödingsmarkt 9, 20459 Hamburg,
Tel. 040-306 04-600, Fax 040-306 04-690,
E-Mail: info@companions.de, Internet: www.companions.de

Fachlektorat: Emanuela Dabbeni
Lektorat und Schlussredaktion: Claudia Lüersen
Schlusskorrektur: Arnd M. Schuppius
Titelgestaltung und Layout: Cornelia Prott
Produktion: Carin Behrens
Ausbelichtung, Druck und Bindung: Druckerei zu Altenburg

Bildnachweise:
Jürgen Strauss, außer:
Titelfoto: Christian Lohfink (Styling/Foodstyling: Jenny Susanti); S. 78/79 dpa,
S. 152, 153 Museo Nazionale delle Paste Alimentari, Rom; Vor- und Nachsatz: MEV-Verlag

ISBN 3-89740-320-X

Wir danken Christina Dickel, Kerstin Gonsior, Maren Hähnel, Britta Schröder und allen anderen, die zum Gelingen dieses Buches beigetragen haben.